अक्षरों की कहानी

अक्षरों की कहानी

गुणाकर मुले

ज्ञान-विज्ञान प्रकाशन
नई दिल्ली

ISBN : 978-81-902713-0-1

मूल्य : ₹200

पहला संस्करण : 1989

छठा संस्करण : 2024

प्रकाशक : ज्ञान-विज्ञान प्रकाशन
1-बी, नेताजी सुभाष मार्ग, दरियागंज
नई दिल्ली-110 002

मुद्रक : बी.के. ऑफसेट
नवीन शाहदरा दिल्ली-110 032

AKSHARON KI KAHANEE
by Gunakar Muley

अपनी बात

हम पत्र-पत्रिकाएँ पढ़ते हैं; पुस्तकें पढ़ते हैं। संसार में सैकड़ों भाषाएँ बोली जाती हैं। पर असली चीज है वे अक्षर जिनमें ये भाषाएँ लिखी जाती हैं। अक्षरों की खोज मानव का एक महान आविष्कार है।

पिछले कई लाख साल से इस धरती पर मानव का निवास है। पर अक्षरों की खोज उसने करीब छह हजार साल पहले ही की है। जब से आदमी अपने विचारों को लिखने लगा, तब से वह 'सभ्य' बना है। जब से पुराने लेख मिलते हैं, तब से 'इतिहास' की शुरुआत मानी जाती है। इसलिए यह जानना जरूरी है कि अक्षरों का आरंभ एवं विकास कैसे हुआ।

इस पुस्तक में मैंने देश-विदेश की प्रमुख लिपियों की जानकारी दी है। अरबी-फारसी लिपि को छोड़कर हमारे देश की सारी लिपियाँ पुरानी ब्राह्मी लिपि से बनी हैं। हमारे कई पड़ोसी देशों की लिपियाँ भी ब्राह्मी से बनी हैं। पुराने लेखों के आधार पर इतिहास रचा जाता

है। अतः अक्षरों की कहानी को जानने से इतिहास को समझने में आसानी होती है। आशा है, तरुण पाठक इस पुस्तक को पसंद करेंगे।

'अमरावती'
सी-210, पांडव नगर
दिल्ली-110092

गुणाकर मुले

क्रम

अक्षरों का महत्व

अक्षरों की कहानी...

यह पुस्तक अक्षरों से बनी है। सारी पुस्तकें अक्षरों से बनी हैं। तरह-तरह की पुस्तकें। तरह-तरह के अक्षर।

दुनिया में अब तक करोड़ों पुस्तकें छप चुकी हैं। हजारों पुस्तकें रोज छपती हैं। तरह-तरह के अक्षरों में हजारों की तादाद में रोज ही समाचारपत्र छपते रहते हैं। इन सबके मूल में हैं अक्षर। हम कल्पना भी नहीं कर सकते कि यदि आदमी अक्षरों को न जानता, तो आज इस दुनिया का क्या हाल होता।

कोई कह सकता है कि हम अक्षरों को अनादि काल से जानते हैं। अक्षरों का ज्ञान हमें किसी ईश्वर से मिला है।

पुराने जमाने के लोग सचमुच ही सोचते थे कि अक्षरों की खोज ईश्वर ने की है। पर आज हम जानते हैं कि अक्षरों की खोज किसी ईश्वर ने नहीं, बल्कि स्वयं आदमी ने की है। अब तो हम यह भी जानते हैं कि किन अक्षरों की खोज किस देश में किस समय हुई!

हमारी यह धरती लगभग पाँच अरब साल पुरानी है। दो-तीन अरब साल तक इस धरती पर किसी प्रकार के कोई जीव-जंतु नहीं थे। फिर करोड़ों साल तक केवल जानवरों और वनस्पतियों का ही इस धरती पर राज्य रहा। आदमी ने इस धरती पर कोई पाँच लाख साल पहले जन्म लिया। धीरे-धीरे उसका विकास हुआ।

कोई दस हजार साल पहले आदमी ने गाँवों को बसाना शुरू किया। वह खेती करने लगा। वह पत्थरों के औजारों का इस्तेमाल करता था। फिर उसने ताँबे और काँसे के भी औजार बनाए।

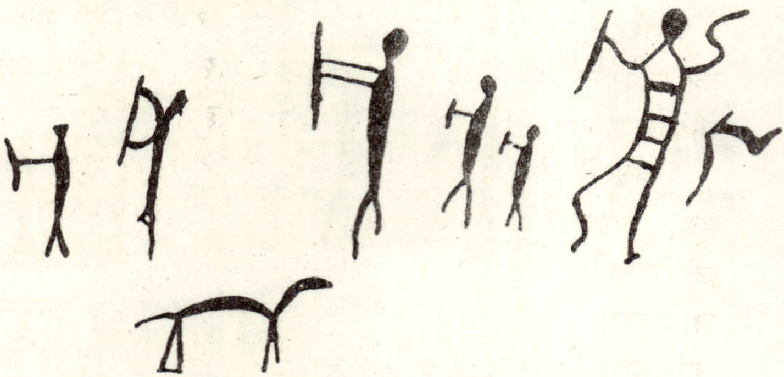

शिकार का दृश्य (मध्य भारत)

प्रागैतिहासिक मानव ने सबसे पहले चित्रों के जरिए अपने भाव व्यक्त किए। जैसे, पशुओं, पक्षियों, आदमियों आदि के चित्र। इन चित्र-संकेतों से बाद में भाव-संकेत अस्तित्व में आए। जैसे, एक छोटे वृत्त के चहुँओर किरणों की द्योतक रेखाएँ खींचने पर वह 'सूर्य' का चित्र बन जाता था। बाद में यही चित्र 'ताप' या 'धूप'

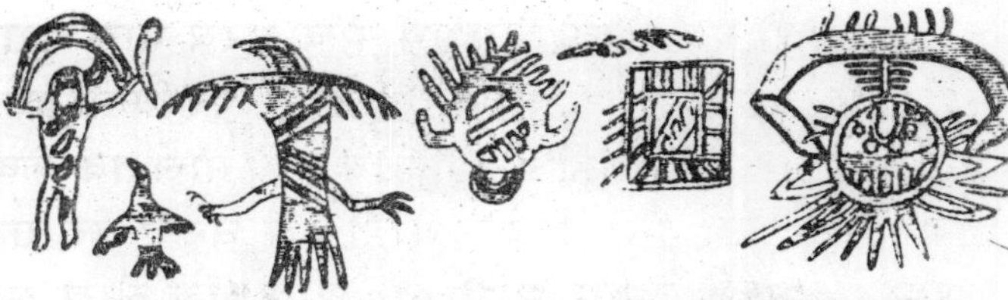

मध्य अमरीका के ओंजिबवा आदिवासियों के ये चित्र व्यक्त करते हैं : (दाईं ओर से बाईं ओर को क्रमश:) तूफान का देवता जो सारे आकाश को घेरता है, नगाड़ा, पंखों से सुशोभित नगाड़ा, द्रोणकाक, कौवा और दवाखाने में आदमी ।

का द्योतक बन गया । इस तरह अनेक भाव-संकेत अस्तित्व में आए ।

तब जाकर काफी बाद में आदमी ने अक्षरों की खोज की । अक्षरों की खोज के सिलसिले को शुरू हुए मुश्किल से छह हजार साल हुए हैं । केवल छह हजार साल !

अक्षरों की खोज के साथ एक नए युग की शुरुआत हुई । आदमी अपने विचार और अपने हिसाब-किताब को लिखकर रखने लगा । तब से मानव को 'सभ्य' कहा जाने लगा । आदमी ने जब से लिखना शुरू किया तब से 'इतिहास' आरंभ हुआ । किसी भी कौम या देश का इतिहास तब से शुरू होता है जब से आदमी के लिखे हुए लेख मिलने लग जाते हैं । इस प्रकार, इतिहास को शुरू हुए मुश्किल से छह हजार साल हुए हैं । उसके पहले के काल को 'प्रागैतिहासिक काल' यानी इतिहास के पहले का काल कहते हैं ।

अतः हम देखते हैं कि यदि आदमी अक्षरों की खोज नहीं करता तो आज हम इतिहास को न जान पाते । हम

यह न जान पाते कि पिछले कुछ हजार सालों में आदमी किस प्रकार रहता था, क्या-क्या सोचता था, कौन-कौन राजा हुए इत्यादि ।

अक्षरों की खोज मनुष्य की सबसे बड़ी खोज है । अक्षरों की खोज करने के बाद ही मनुष्य अपने विचारों को लिखकर रखने लगा । इस प्रकार, एक पीढ़ी के ज्ञान का इस्तेमाल दूसरी पीढ़ी करने लगी । अक्षरों की खोज करने के बाद पिछले छह हजार सालों में मानव जाति का तेजी से विकास हुआ ।

यह महत्त्व है अक्षरों का और उनसे बनी हुई लिपियों का । अतः हम सबको अक्षरों की कहानी मालूम होनी चाहिए । आज जिन अक्षरों को हम पढ़ते या लिखते हैं वे कब बनाए गए, कहाँ बने और किसने बनाए, यह जानना जरूरी है भी ।

आओ, हम इन्हीं सब बातों की खोज करें । बड़ी दिलचस्प है अक्षरों की यह कहानी…

कितनी लिपियाँ ?

अक्षरों से लिपि बनती है । यह पुस्तक जिस लिपि में छपी है उसे हम नागरी या देवनागरी लिपि कहते हैं । इस लिपि का यह नाम क्यों पड़ा, इसके बारे में हम आगे बतलाएँगे ।

देवनागरी हमारी राष्ट्रलिपि है । न केवल राष्ट्रभाषा हिंदी की, बल्कि मराठी और नेपाली भाषाओं की लिपि भी यही है । संसार में जहाँ कहीं भी संस्कृत भाषा पढ़ी या लिखी जाती है, वहाँ यह भाषा देवनागरी लिपि में ही लिखी जाती है ।

लेकिन हमारे देश में और भी लिपियाँ हैं । जितनी भाषाएँ उतनी लिपियाँ । पर लिपियों का यह अंतर केवल ऊपरी दिखावा है । गुजराती और बंगला भाषा की लिपियाँ देवनागरी लिपि से मिलती-जुलती हैं । दक्षिण भारत की तमिल, तेलुगु, मलयालम और कन्नड भाषाओं की लिपियाँ कुछ भिन्न मालूम होती हैं, पर यह केवल भ्रम ही है । वास्तव में, दक्षिण की ये लिपियाँ भी देवनागरी लिपि की बहनें ही हैं ।

दरअसल, आज के भारत की सारी लिपियों ने

प्राचीन भारत की एक ही मूल लिपि से जन्म लिया है। हाँ, उर्दू की लिपि बाहर की लिपि से बनी है। यह अरबी-फारसी लिपि के अक्षरों से बनी है। उर्दू की लिपि को छोड़कर भारत की सारी लिपियाँ एक ही मूल लिपि से बनी हैं। इस मूल लिपि को आज हम **ब्राह्मी** लिपि के नाम से जानते हैं।

है न अद्भुत बात! अलग-अलग दिखाई देनेवाली हमारे देश की सारी लिपियों का मूल एक ही है। आज की सारी भारतीय लिपियों की माता एक ही है। वह है ब्राह्मी लिपि!

इतना ही नहीं, हमारे कुछ पड़ोसी देशों की लिपियाँ भी ब्राह्मी लिपि से ही निकली हैं। हमारे देश के दक्षिण में श्रीलंका नाम का एक देश है। श्रीलंका की सिंहली लिपि ब्राह्मी लिपि से बनी है। हमारे उत्तर में तिब्बत देश है। तिब्बती लिपि भी ब्राह्मी लिपि से ही बनी है। तिब्बत के ऊपर मध्य एशिया है। किसी समय वहाँ भी ब्राह्मी लिपि का प्रचार था।

आज से कोई डेढ़-दो हजार साल पहले दक्षिण-पूर्व एशिया के बर्मा, थाईलैंड, कंबोडिया, जावा, सुमात्रा आदि देशों में बहुत-से भारतीय जाकर बस गए थे। इन देशों पर सदियों तक भारतीय नामों वाले राजाओं ने शासन किया। भारतीयों के साथ भारतीय धर्म और संस्कृति भी वहाँ पहुँची। बौद्ध और ब्राह्मण धर्मों का वहाँ प्रचार हुआ। साथ-साथ संस्कृत तथा पालि भाषाएँ

और ब्राह्मी लिपि भी वहाँ पहुँचीं।

बाद में इन देशों में अपनी-अपनी भाषाओं के लिए ब्राह्मी लिपि को अपना लिया गया। इस प्रकार हम देखते हैं कि आज के दक्षिण-पूर्व एशिया के अधिकांश देशों की लिपियाँ ब्राह्मी लिपि से बनी हैं।

लेकिन दुनिया में और भी कई लिपियाँ हैं। बहुत सारी लिपियाँ ! आज दुनिया-भर में करीब 400 तरह की लिपियाँ लिखी और पढ़ी जाती हैं! तरह-तरह की लिपियाँ, तरह-तरह के अक्षर ! कितनी दिलचस्प बात !

आज संसार में भले ही सैकड़ों लिपियों का इस्तेमाल होता हो, पर पुराने जमाने में इतनी अधिक लिपियाँ नहीं थीं। पुराने जमाने की सारी लिपियों का हमारी ब्राह्मी की तरह विकास भी नहीं हुआ है। कुछ लिपियाँ सदियों तक जीवित रहने के बाद मर गईं। हाँ, लिपियाँ जीवित भी रहती हैं और मर भी जाती हैं! मरी हुई लिपियों के नमूने आज हमें संसार के बड़े-बड़े संग्रहालयों में देखने को मिलते हैं।

लिपियों में परिवर्तन भी होता है। आज की प्रमुख लिपियों में लगभग पचास अक्षर होते हैं।

तो क्या पुराने जमाने की लिपियों में भी इतने ही अक्षर हुआ करते थे ?

नहीं। पुराने जमाने की लिपियों में सैकड़ों अक्षर हुआ करते थे। एक जमाना तो ऐसा भी था कि कुछ लिपियों के अक्षरों या चिह्नों की संख्या हजारों तक पहुँच

जाती थी ! उस जमाने के लेखकों को इन ढेर सारे चिह्नों को याद रखना पड़ता था। शुरू-शुरू में हर शब्द के लिए एक स्वतंत्र चिह्न होता था। यह उस समय की बात है जब आदमी को अक्षरों की खोज किए अभी कुछ ही समय हुआ था।

अक्षरों के विकास का किस्सा बड़ा रोचक है। दुनिया की हर वस्तु की तरह लिपियों का भी विकास होता रहा है। इस पुस्तक में हम इसी विकास की कहानी बताने जा रहे हैं।

सबसे पहले हम अपने देश की लिपियों का परिचय प्राप्त करेंगे। हम बता ही चुके हैं कि हमारे देश की सारी लिपियों की और बाहर के भी कुछ देशों की लिपियों की जननी है ब्राह्मी लिपि···

ब्राह्मी लिपि

आज से करीब 2250 साल पहले...

हमारे देश पर मौर्य सम्राट अशोक का शासन था। अशोक के कोई पचास साल पहले यूनान के प्रसिद्ध विजेता सिकंदर ने उत्तर-पश्चिमी भारत पर आक्रमण किया था। सिकंदर के वापस लौटने पर उत्तर-पश्चिमी भारत पर यूनानियों का अधिकार हो गया था। उसी समय चंद्रगुप्त ने नंद राजाओं का तख्ता उलटकर उत्तरी भारत में मौर्य साम्राज्य की नींव डाली थी।

चंद्रगुप्त के बाद उसका पुत्र बिंदुसार मगध की गद्दी पर बैठा और बिंदुसार के बाद उसका पुत्र अशोक। अशोक ने भारत के एक विशाल भूभाग पर चालीस साल तक राज्य किया।

सन् 1947 तक हमारे देश पर किसी-न-किसी राजा का शासन रहा है। हमारे अपने समय में ही हमें राजा-महाराजाओं के शासन से मुक्ति मिली है। हाँ, अशोक के कोई दो सौ साल पहले और बाद में भी कभी-कभी हमारे देश के कुछ प्रदेशों पर जनता के

प्रतिनिधियों का शासन रहा है, पर नाममात्र को। सभी जानते हैं कि राजाओं का शासन मनमाना होता है। यदा-कदा कुछ अच्छे शासक भी हमारे देश में हुए हैं। इन राजाओं में अशोक का स्थान सबसे ऊँचा है।

इसके कई कारण हैं। दूसरे राजाओं की तरह शुरू में अशोक भी क्रूर स्वभाव का था। उसने कलिंग देश पर चढ़ाई की थी, जिसमें लाखों आदमियों की जानें गईं। लेकिन जब उसने बौद्धधर्म ग्रहण किया तो वह 'चंडाशोक' से 'धर्माशोक' बन गया। इसके बाद उसने अपना शेष जीवन धर्म के प्रचार एवं प्रसार में बिताया।

अशोक के कोई दो सौ साल पहले हमारे देश में गौतम बुद्ध और महावीर नाम के दो महापुरुष हुए। उनके समय तक हमारे देश में वैदिक धर्म का बोलबाला था। यज्ञ होते थे। इन यज्ञों में अनाज और पशुओं की तबाही होती थी। महावीर और बुद्ध ने इन बातों का विरोध किया। इन्होंने जात-पाँत का भी विरोध किया और अपने उपदेश जनता की भाषा में दिए।

अशोक भगवान बुद्ध के धर्म में दीक्षित हुए। लेकिन इसका मतलब यह नहीं है कि उन्होंने दूसरे धर्मवालों का अनादर किया। उन्होंने ब्राह्मण और श्रमण यानी भिक्षुओं का समान रूप से आदर किया। दोनों को दान दिए।

उस जमाने में आज जैसे अखबार आदि नहीं थे। तो प्रश्न उठता है कि लोगों को आदेश किस प्रकार दिए जाते

थे ? अशोक ने एक नया तरीका खोज निकाला । उन्होंने अपनी नई नीति के आदेश पत्थरों पर खुदवाए—देश-भर में । यही हैं अशोक के अभिलेख ।

अशोक के अभिलेख ! शिलाओं और स्तंभों पर खुदे हुए दर्जनों लेख !

अशोक ने अपने ये लेख जिस लिपि में खुदवाए हैं उसे आज हम ब्राह्मी लिपि के नाम से जानते हैं । वैसे स्वयं अशोक ने अपनी इस लिपि को ब्राह्मी नाम नहीं दिया है । उनके लेखों में इस लिपि के लिए 'धम्मलिपि' यानी धर्मलिपि नाम ही मिलता है ।

तो इसका ब्राह्मी नाम कैसे पड़ा ?

बात यह है कि अशोक के काफी बाद में लिखे गए कुछ बौद्ध और जैन ग्रंथों में लिपियों की सूचियाँ मिलती हैं । लिपियों की इन सूचियों में पहला नाम ब्राह्मी लिपि का है । इसलिए आधुनिक विद्वानों ने मान लिया है कि अशोक के समय से चली आ रही हमारे देश की प्रमुख लिपि का नाम ब्राह्मी है ।

ब्राह्मी नाम के पीछे यह भी एक परपरा है कि इसे ब्रह्मा ने बनाया है । चीज आदमी की ही बनाई होती है, परंतु बहुत पुराने जमाने में बनी होने के कारण उसके बनानेवाले का जब अता-पता नहीं चलता, तो श्रद्धालु लोग उसे भगवान की बनाई हुई मान लेते हैं ! ब्राह्मी नाम भी इसी तरह का है । न केवल भारत में, बल्कि दूसरे पुराने देशों में भी लिपि का जनक कोई न कोई देवता माना गया था !

हम बता चुके हैं कि अशोक के दर्जनों लेख प्राप्त हुए हैं। इन लेखों के मिलने से ही हमें अपने देश के इस महान शासक के बारे में जानकारी मिली है। अशोक बौद्ध धर्म के अनुयायी थे, इसलिए ब्राह्मणों के ग्रंथों में हमें अशोक के बारे में कोई जानकारी नहीं मिलती। हाँ, बौद्ध ग्रंथों में थोड़ी-बहुत जानकारी मिलती है। इतिहास लिखने की तो हमारे यहाँ परंपरा ही नहीं रही है। इसलिए अशोक यदि इन लेखों को न लिखवाते तो उनके बारे में आज हमें इतनी जानकारी नहीं मिलती।

लेकिन, बाईस सौ सालों का लंबा समय बीत जाने पर भी अशोक अपने लेखों के रूप में हमारे बीच जीवित हैं। वह अपने लेखों के रूप में आज भी बोलते नजर आते हैं। उनकी भाषा कुछ भिन्न जान पड़ती है। जिस लिपि में यह भाषा लिखी गई है वह भी कुछ भिन्न नजर आती है। पर हमें यह याद रखना चाहिए कि अशोक की यही भाषा—प्राकृत भाषा—उत्तर भारत की सारी भाषाओं की माता है और उनकी लिपि—ब्राह्मी या धम्मलिपि—हमारी आज की सारी भारतीय लिपियों की माता है।

हम अशोक के एक छोटे-से लेख को देखेंगे। यह है रुम्मिनदेई गाँव—उत्तर प्रदेश के बस्ती जिले से सटा हुआ नेपाल की तराई में बसा हुआ। इसका पुराना नाम था लुंबिनी ग्राम, जहाँ भगवान बुद्ध का जन्म हुआ था। अशोक ने इस स्थान की यात्रा की थी और यहाँ एक स्तंभ खड़ा करके उस पर लेख खुदवाया था। इस लेख को ही

पढ़ने से हमें पता चला है कि यह वही स्थान है जहाँ भगवान बुद्ध का जन्म हुआ था। नीचे हम ब्राह्मी लिपि में लिखा हुआ मूल लेख दे रहे हैं। उसके बाद इसे देवनागरी लिपि में दे रहे हैं और अंत में इसका हिंदी अनुवाद–

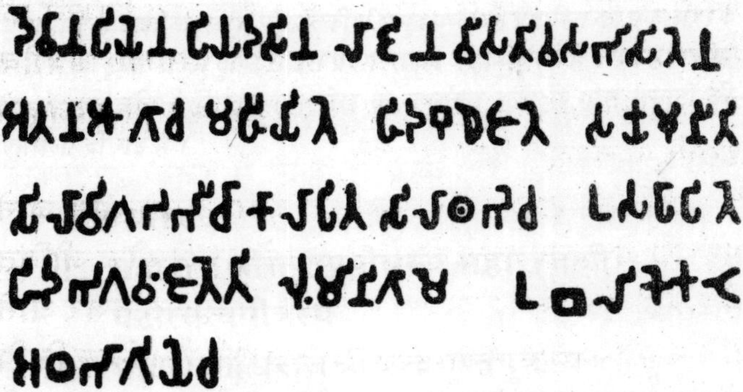

रुम्मिनदेई स्तंभ पर खुदा हुआ अशोक का ब्राह्मी लेख

लिप्यंतर :

1. देवान पियेन पियदसिन लाजिन वीसतिवसाभिसितेन
2. अतन आगाच महीयिते हिद बुधे जाते सक्यमुनीति
3. सिलाविगडभीचा कालापित सिलातभे च उसपापिते
4. हिद भगवं जातेति लुंमिनिगामे उबलिके कटे
5. अठभागिये च

अर्थ–

''देवताओं के प्रिय प्रियदर्शी राजा ने राज्याभिषेक के

20 वर्ष बाद स्वयं आकर इस स्थान की पूजा की, क्योंकि यहाँ शाक्यमुनि बुद्ध का जन्म हुआ था। यहाँ पत्थर की एक प्राचीर (दीवार) बनवाई गई और पत्थर का एक स्तंभ खड़ा किया गया। भगवान बुद्ध यहाँ जन्मे थे इसलिए लुंबिनी ग्राम को कर से मुक्त कर दिया गया और (पैदावार का) आठवाँ भाग भी (जो राजा का हक था) उसी ग्राम को दे दिया गया।"

अशोक की ब्राह्मी लिपि के लेख का एक नमूना हमने देख लिया। देश के कोने-कोने से उनके इस प्रकार के बहुत सारे लेख प्राप्त हुए हैं। कुछ लेख चट्टानों पर खुदे हुए हैं, कुछ स्तंभों पर खुदे हुए हैं, तो कुछ खंडित शिलाओं पर भी।

कई ऐसी चट्टानें हैं जहाँ अशोक के एकसाथ चौदह लेख खुदे हुए मिलते हैं। गिरनार (काठियावाड़), धौली (उड़ीसा), कालसी (देहरादून के पास) आदि स्थानों में चट्टानों पर अशोक के चौदह लेख मिलते हैं। ये लेख ब्राह्मी लिपि में लिखे गए हैं।

पर अशोक के समय में उत्तर-पश्चिमी भारत में एक दूसरी लिपि का भी रिवाज था। विद्वानों ने इस लिपि को 'खरोष्ठी' नाम दिया है। खरोष्ठी का अर्थ होता है 'गधे के ओठवाली'! बड़ा विचित्र नाम है!

अशोक के कोई दो सौ साल पहले उत्तर-पश्चिमी भारत में खरोष्ठी लिपि ने जन्म लिया था। इसके अक्षर पश्चिम एशिया की आरमेई लिपि के आधार पर बने

थे। इस लिपि की मुख्य बात यह थी कि यह दाईं ओर से बाईं ओर को लिखी जाती थी। लेकिन ब्राह्मी लिपि, हमारी आज की लिपियों की तरह, बाईं ओर से दाईं ओर को लिखी जाती थी।

चूँकि पश्चिमोत्तर भारत के लोग इस खरोष्ठी लिपि को जानते थे, इसलिए अशोक ने उस प्रदेश के अपने शिलालेख इसी खरोष्ठी लिंपि में खुदवाए। खरोष्ठी लिपि में लिखे गए अशोक के चौदह शिलालेख मानसेहरा और शाहबाजगढ़ी स्थानों से मिले हैं। अब ये दोनों स्थान पाकिस्तान में हैं।

अशोक के बाद लगभग छह सौ साल तक खरोष्ठी लिपि का इस्तेमाल होता रहा। भारत में तो इसका इस्तेमाल हुआ ही, दूर मध्य एशिया में भी यह लिपि जीवित रही। पर इस लिपि में कई कठिनाइयाँ थीं। ब्राह्मी लिपि की तरह यह एक वैज्ञानिक लिपि नहीं थी। इसमें छोटी-बड़ी मात्राओं में कोई भेद नहीं था। इसलिए इस लिपि में संस्कृत जैसी भाषा को शुद्ध रूप में लिखना संभव नहीं था। फिर भी यह लिपि करीब आठ सौ साल तक जीवित रही और मध्य एशिया में भारतीय संस्कृति का प्रचार करने में इसने सहायता की। इस लिपि के बारे में कुछ बातें हम आगे बतलाएँगे।

अशोक के कुछ लघुलेख आरमेई और यूनानी लिपि में भी मिले हैं। इससे पता चलता है कि अशोक ने अपने लेखों के लिए उसी लिपि का इस्तेमाल किया जो जिस

स्थान पर पढ़ी-लिखी जाती थी। अशोक के शेष सार लेख ब्राह्मी लिपि में हैं।

अशोक ने स्तंभों पर भी लेख खुदवाए। ये स्तंभ चुनार के बलुआ पत्थरों से बने हुए हैं। इन पर बढ़िया पॉलिश किया हुआ है। ये स्तंभ सारनाथ (वाराणसी), सांची, कौशांबी, लौडिया-अरराज, लौडिया-नंदनगढ़, टोपरा, मेरठ आदि स्थानों पर खड़े किए गए थे। कौशांबीवाला अशोक-स्तंभ बाद में किसी राजा ने इलाहाबाद लाकर गाड़ दिया था। बाद में इसी स्तंभ पर गुप्त सम्राट समुद्रगुप्त ने भी अपना लेख खुदवा दिया था।

मेरठ और टोपरावाले अशोक-स्तंभों को फीरोज-शाह तुगलक दिल्ली ले आया था। अभी कुछ साल पहले दिल्ली में अशोक का और एक छोटा शिलालेख मिला है। यह शिलालेख खुले मैदान में पाँच-छह मीटर ऊँची चट्टान पर खुदा हुआ है। इसने 2200 सालों की वर्षा और धूप के आघात सहे हैं। अभी कुछ साल पहले तक बच्चे इस शिला पर बैठकर दूर तक चरती अपनी गौओं-बकरियों पर नज़र रखते थे। इस स्थान पर एक इमारत बननेवाली थी। चट्टान को सुरंग लगाई जानेवाली थी। अचानक एक इंजीनियर को इस चट्टान पर कुछ धुँधले अक्षर दिखाई दिए। अशोक का एक नया शिलालेख प्रकाश में आया।

अशोक के बहुत-से लेख खोजे जा चुके हैं। पर अब

अशोक का गिरनार का द्वितीय शिलालेख

लिप्यंतर :

1. सर्वत विजितम्हि देवानंप्रियस पियदसिनो राञ्ञो
2. एवमपि प्रचंतेसु यथा चोडा पाडा सतियपुतो केतलपुतो आ तंब-
3. पंणी अंतियको योनराजा ये वा पि तस अंतियकस सामीपं
4. राजानो सर्वत्र देवानंप्रियस प्रियदसिनो राञ्ञो द्वे चिकीछ कता
5. मनुसचिकीछा च पसुचिकीछा च ओसुढानि च यानि मनुसोपगानि च
6. पसोपगानि च यत यत नास्ति सर्वत्रा हारापितानि च रोपापितानि च
7. मूलानि च फलानि च यत यत नास्ति सर्वत हारापितानि च रोपापितानि च
8. पंथेसू कूपा च खानापिता व्रछा च रोपापिता परिभोगाय पसुमनुसानं ।

अर्थात्

देवताओं के प्रिय प्रियदर्शी राजा ने अपने राज्य में सब जगह और सीमावर्ती राज्य—चोड़, पांड्य. सतियपत्र. केरलपुत्र तथा ताम्रपर्णी (श्रीलंका)—तक और अंतियोक यवनराज तथा उस आंतयोक के जो पड़ोसी राजा हैं, उन सबके राज्यों में देवताओं के प्रिय प्रियदर्शी राजा ने दो प्रकार की चिकित्सा का प्रबन्ध किया है—मनुष्यों की चिकित्सा के लिए और पशुओं की चिकित्सा के लिए। जहाँ-जहाँ औषधियाँ नहीं थीं वहाँ-वहाँ लायी और रोपी मनुष्यों और पशुओं के लिए जहाँ-जहाँ औषधियाँ नहीं थी वहाँ-वहाँ लायी और रोपी गई हैं। इसी प्रकार, जहाँ-जहाँ मल व फल नहीं थे वहाँ-वहाँ लाए और रोपे गए हैं। मार्गों पर मनुष्यों तथा पशुओं के आराम के लिए कुएँ खुदवाए गए हैं और वृक्ष लगाए गए हैं।

भी ऐसे कई लेख होंगे जो छिपे हुए हैं । कौन जाने किस अज्ञात शिलालेख पर किस की नज़र पड़ जाए । इसलिए अशोक की ब्राह्मी लिपि का थोड़ा-बहुत ज्ञान रखना हर विद्यार्थी के लिए जरूरी है । बहुत सरल लिपि है । अगले पृष्ठ पर हम ब्राह्मी लिपि की वर्णमाला दे रहे हैं ।

अशोक के बाद ब्राह्मी लिपि के अक्षरों में धीरे-धीरे परिवर्तन होता गया । हम बता चुके हैं कि आज की हमारे देश की सारी लिपियाँ ब्राह्मी लिपि से ही विकसित हुई हैं । बाद के लेखों की लिपि को समझने के लिए भी अशोक की ब्राह्मी लिपि को जानना जरूरी है । इस लिपि को जानने का और एक लाभ यह है कि तब कोई भी अशोक के शिलालेखों को स्वयं पढ़ सकेगा । इसलिए थोड़ा परिश्रम करके ब्राह्मी लिपि के अक्षरों का ज्ञान हासिल कर लेना चाहिए ।

यहाँ हमने ब्राह्मी वर्णमाला के वही अक्षर दिए हैं जो अशोक के लेखों में मिलते हैं । इन लेखों में ई, ऐ, ॠ, ॡ तथा औ के लिए अक्षर चिह्न नहीं मिलते । पर इसका मतलब यह नहीं है कि इन अक्षरों के लिए चिह्न नहीं रहे होंगे ।

ब्राह्मी लिपि में संयुक्त अक्षरों को लिखने के बारे में यह नियम था कि जिस अक्षर का उच्चारण पहले होता था उसे ऊपर लिखा जाता था और बाद में उच्चारित होनेवाले अक्षर को उसके नीचे लिखा जाता था । हाँ, अशोक की ब्राह्मी में 'रेफ्' के बारे में काफी ग़ड़बड़

नज़र आती है। अन्यथा सारी वर्णमाला शुद्ध एवं वैज्ञानिक है। अक्षर भी सुंदर हैं।

ब्राह्मी लिपि की वर्णमाला

जहाँ तक वर्णमाला के स्वरूप या ढाँचे का सवाल है अशोक की ब्राह्मी लिपि और हमारी आज की देवनागरी

लिपि में कोई विशेष फरक नहीं है । फरक यदि पड़ा है तो केवल अक्षरों के रूपों में। ब्राह्मी के अक्षर ही बदलते-बदलते आज के हमारे अक्षर बने हैं। हाँ, आवश्यकतानुसार किसी-किसी लिपि में एक-दो नए अक्षर जुड़ गए हैं ।

ब्राह्मी लिपि संस्कृत भाषा या अशोक के समय की प्राकृत भाषा को लिखने के लिए बनी थी । आज भी हम संस्कृत वर्णमाला का ही इस्तेमाल करते हैं। इसलिए पिछले 2200 सालों में भारतीय लिपियों की वर्णमाला ज्यों-की-त्यों कायम है ।

दरअसल, अशोक के अभिलेखों में जिस ब्राह्मी लिपि के हम दर्शन करते हैं, वह एक पूर्ण विकसित लिपि है । वर्णमालात्मक लिपि को लिपि के विकास का अंतिम स्तर माना गया है। संसार की सारी लिपियाँ इस वर्णमालात्मक स्तर से शुरू नहीं हुई थीं । बहुत पुराने जमाने में लिपियों में सैकड़ों-हजारों अक्षर हुआ करते थे । बहुत कम अक्षरोंवाली वर्णमालात्मक लिपियों का ज्ञान आदमी को बहुत बाद में जाकर हुआ । आज की सारी प्रमुख लिपियाँ वर्णमालात्मक हैं। लिपियों का विकास कैसे होता आया है, यह हम आगे बतलाएँगे ।

अशोक के अभिलेखों में जिस ब्राह्मी लिपि को हम देखते हैं, वह एक वैज्ञानिक लिपि है, हमारी आज जैसी वर्णमालात्मक लिपि है । अशोक के पहले ब्राह्मी लिपि किस प्रकार की थी, इसके बारे में हमें कोई जानकारी नहीं

मिलती। क्योंकि अशोक के पहले का कोई भी ब्राह्मी लेख नहीं मिलता। दो-चार ऐसे लेख हैं जिनके बारे में कुछ विद्वानों का कहना है कि ये अशोक के कुछ पहले के हैं। पर यह विवाद का विषय है।

आज हम यह भी नहीं जानते कि इस ब्राह्मी लिपि का निर्माण किसने किया, या अशोक के कितने साल पहले इस लिपि ने जन्म लिया या किस दूसरी लिपि से इसका विकास हुआ।

हमारे देश का अधिकतर वैदिक साहित्य अशोक से भी लगभग एक हजार साल पुराना है। परंतु उस समय वह साहित्य अधिकतर कंठस्थ ही रखा जाता था। फिर भी हम कह सकते हैं कि अशोक के कोई तीन-चार सौ साल पहले ब्राह्मी लिपि अस्तित्व में आ चुकी थी।

ब्राह्मी लिपि के बारे में कुछ बातें अब भी अज्ञात हैं। पर यही बहुत बड़ी बात है कि आज हम इस लिपि को पढ़ सकते हैं और इसे पढ़ सकने के कारण हमारे देश के इतिहास के बारे में बहुत सारी नई बातों की जानकारी मिली है।

ब्राह्मी लिपि को पढ़ पाना संभव हुआ अभी कोई डेढ़ सौ साल पहले। इस लिपि की खोज की कहानी भी बड़ी मनोरंजक है···

ब्राहमी लिपि की खोज

अशोक के लगभग एक हजार साल पहले वेदों की रचना हुई थी। हमारे देश के पुरोहित वर्ग को वैदिक साहित्य के पठन-पाठन से लाभ था, इसलिए इस साहित्य के अध्ययन की परंपरा हमारे देश में सदैव जीवित रही।

पर हमारे देश के पंडितों ने इतिहास की घोर उपेक्षा की है। जिन साधनों से इतिहास लिखा जा सकता है उनकी भी उपेक्षा होती रही है। उदाहरण के तौर पर, अशोक के अभिलेखों को ही लो। अभी डेढ़ सौ साल पहले हमारे देश में एक भी ऐसा पंडित नहीं था जो अशोक के अभिलेखों को पढ़ सके।

ब्राह्मी लिपि का ज्ञान बहुत पहले भुला दिया गया था। हम बता चुके हैं कि दिल्ली के शासक फीरोजशाह तुगलक ने अशोक के टोपरा और मेरठवाले स्तंभ दिल्ली लाकर खड़े करवाए थे। फीरोज ने अपने समय में ऐसे पंडितों की खूब खोज की जो इन स्तंभों पर उकेरे हुए लेखों को पढ़ सकें। पर उसे अपने राज्य में ऐसा एक भी पंडित नहीं मिला! यह 1350 ई. के आसपास की बात है।

कहते हैं कि अकबर ने भी इन लेखों को पढ़वाने की कोशिश की थी, पर उसे भी ऐसा कोई विद्वान नहीं मिला जो इन्हें पढ़ सकता। इससे स्पष्ट होता है कि इस देश में इस्लाम का शासन स्थापित होने के पहले ही हमारे देश के पंडितों ने ब्राह्मी लिपि के ज्ञान को भुला दिया था। हाँ, वे दो-चार सौ साल पुरानी पोथियों के अक्षरों को जरूर पढ़ सकते होंगे; पर इलाहाबाद के स्तंभ पर उत्कीर्ण अशोक और समुद्रगुप्त के लेखों को पढ़ पाना उनके बस की बात नहीं थी।

ऐतिहासिक महत्त्व की वस्तुओं का ज्ञान न होने से हमारे देश में ऐसी वस्तुओं की तबाही भी बहुत हुई है। पुराने जमाने में राजे-महाराजे मंदिरों, विहारों या ब्राह्मणों को जमीन, धन या गाँवों का दान देते थे। दान की बातें ताँबे के पत्रों पर खोदी या उकेरी जाती थीं। बाद में जब उन ताम्रपत्रों का कोई उपयोग न रहा या उन पर लिखे हुए अक्षर न पढ़े जा सके तो उन ताम्रपत्रों का ताँबा ही काम का माना गया और उन्हें गला दिया गया। देहातों में अब भी यह सिलसिला जारी है। इसी तरह, चाँदी या सोने के लालच में पुराने सिक्के भी गलाए जाते हैं। गलानेवाले यह नहीं जानते कि इससे इतिहास की कितनी बड़ी हानि हो रही है।

पुरानी लिपियों को न जानने के कारण सैकड़ों की संख्या में अभिलेखों को नष्ट किया गया है। दक्षिण भारत में अमरावती नाम का एक प्रसिद्ध बौद्ध स्थान है। किसी

समय वहाँ एक भव्य स्तूप था। स्तूप अब नष्ट हो चुका है। उसके साथ के अभिलेख लिखे हुए पत्थर एक मस्जिद में चुन दिए गए हैं। धारा नगरी में प्रसिद्ध राजा भोज का एक विद्या-मंदिर था। उसकी दीवारों के पत्थरों पर सुंदर अभिलेख खुदे हुए थे। वे पत्थर एक मस्जिद की दीवार में उलटे चुन दिए गए हैं। कांचीपुरम् में एक सूर्यमंडप था। इसके स्तंभों पर कवि मयूर का 'सूर्यशतक' काव्य उत्कीर्ण था। मंदिर के व्यवस्थापकों ने उनमें से एक स्तंभ को दूसरे मकान में गाड़ दिया!

अभिलेखों को नष्ट करने के इस प्रकार के सैकड़ों उदाहरण दिए जा सकते हैं। हमारे देश की इस अमूल्य संपत्ति की इस प्रकार की बरबादी का मुख्य कारण यह है कि लोगों को पुरानी लिपियों की पहचान नहीं है।

इस देश में अंग्रेजों का शासन शुरू हुआ। कुछ अंग्रेज विद्वान भारत के इतिहास और संस्कृति के अध्ययन की ओर झुके। सर विलियम जोन्स की प्रेरणा से 1784 ई. में कलकत्ता में 'एशियाटिक सोसायटी' की स्थापना हुई। भारत के पुराने साहित्य, अभिलेख और इतिहास के महत्त्व की वस्तुओं के अध्ययन का सिलसिला शुरू हुआ।

उस समय अशोक और गुप्त सम्राटों के लेखों को कोई नहीं पढ़ सकता था। धीरे-धीरे गुप्तकाल के लेखों को पढ़ा जाने लगा। लेखों की भाषा क्या है, यह यदि मालूम रहे तो देर-सबेर उस लिपि का भी उद्घाटन हो

जाता है। गुप्त सम्राटों ने अपने लेखों के लिए सस्कृत भाषा का इस्तेमाल किया है। दसवीं सदी तक की पोथियों को पढ़ा जा सकता था। इसलिए अंत में गुप्तकाल की लिपि को भी पढ़ लिया गया।

गुप्तकाल की लिपि अशोक की ब्राह्मी से ही बनी है, पर इन दोनों लिपियों में करीब छह सौ साल का अंतर है। इसलिए अशोक के लेखों को पढ़ पाना सरल काम नहीं था। शुरू-शुरू में विद्वानों का ख़याल था कि अशोक के लेखों की भाषा भी संस्कृत होगी। पर उनका यह अनुमान गलत निकला।

काफ़ी प्रयत्न के बाद अंत में **जेम्स प्रिन्सेप** नाम के एक अंग्रेज विद्वान ने 1838 ई. में अशोक की ब्राह्मी लिपि के अक्षरों को भी पहचान लिया। तब जाकर पता चला कि अशोक के अभिलेखों की भाषा संस्कृत नहीं है, प्राकृत है।

लिपि की पहचान हो जाने पर अभिलेखों का अध्ययन तेजी से शुरू हुआ। देश के कोने-कोने में लेखों की खोज होने लगी, उनका संग्रह होने लगा। उनके बारे में लेख प्रकाशित होने लगे। इस प्रकार, नए सिरे से देश का इतिहास लिखा जाने लगा।

लेकिन हमें यह स्मरण रखना चाहिए कि इस सिलसिले को शुरू हुए मुश्किल से डेढ़ सौ साल ही हुए हैं। अब हम अशोक के बाद के सभी भारतीय अभिलेख पढ़ सकते हैं।

क्या अशोक के पहले हमारे देश में लेख नहीं लिखे जाते थे ? क्या अशोक के पहले हमारे देश में लोगों को लिपि का ज्ञान नहीं था ?

आइए, देखें…

सिंध सभ्यता की लिपि

अभी करीब सत्तर साल पहले लगभग सभी विद्वानों का कहना था कि भारत में सबसे पुराने लेख अशोक के ही लेख हैं और ब्राह्मी ही सबसे पुरानी लिपि है ।

पर सन् 1920 के बाद एक नई सभ्यता की खोज हुई । हड़प्पा और मोहेंजोदड़ो जैसे प्राचीन नगरों की खोज हुई । इन नगरों की खुदाई करने पर अशोक से भी दो-तीन हजार साल पहले की चीजें मिलीं । इन नगरों की खुदाई में ऐसी सैकड़ों मुहरें मिली हैं जिन पर पशुओं की आकृतियों के साथ-साथ एक अज्ञात लिपि के अक्षर उकेरे हुए हैं । ये अक्षर आज से चार-पाँच हजार साल पहले की एक लिपि के हैं ।

इस नई सभ्यता को 'सिंधु सभ्यता' या 'हड़प्पा संस्कृति' का नाम दिया गया है । हड़प्पा और मोहेंजोदड़ो जैसे स्थान अब पाकिस्तान में चले गए हैं । 1947 ई. के बाद भारतीय पुराविदों ने राजस्थान, काठियावाड़, पंजाब और पश्चिमी उत्तर प्रदेश में इस सभ्यता के सौ से भी अधिक नए स्थल खोज निकाले हैं ।

भारत की इस प्राचीन सभ्यता के बारे में बहुत-सी बातें खोजी जा चुकी हैं। यह सभ्यता चार-पाँच हजार साल पुरानी है। सिंधु सभ्यतावालों को लोहे का ज्ञान नहीं था। वे पत्थर और ताँबे के औजारों का इस्तेमाल करते थे। खेती करते थे। उनके नगरों की सड़कें सीधी और चौड़ी होती थीं। गंदे पानी को निकालने के लिए सड़क के किनारे मोरियाँ होती थीं। मकान दुमंजिले होते थे। यह सब उस समय की बात है जब अभी आर्य लोग इस देश में नहीं आए थे। विद्वानों का मत है कि आर्यों ने ही सिंधु सभ्यता को नष्ट किया है। मगर यकीन के साथ कुछ नहीं कहा जा सकता।

सिंधु सभ्यता के लोग पढ़ना-लिखना जानते थे। वे दूर-दूर के देशों से व्यापार भी करते थे। हिसाब-किताब भी रखते थे। उनके तराजू, बटखरे और माप-पिट्टयों के टुकड़े भी मिले हैं।

पर अभी तक हम उनकी लिपि को पढ़ नहीं पाए हैं। दूसरे देशों से भी उतनी ही प्राचीन लिपियों के लेख मिले हैं, परंतु पिछले दो सौ सालों के प्रयास के बाद विद्वानों को उन्हें पढ़ने में सफलता मिल गई है। पर सिंधु सभ्यता की लिपि एक बहुत बड़ी पहेली है। पिछले करीब सात दशकों से दर्जनों विद्वान इसे पढ़ने की कोशिश में जुटे हुए हैं, किंतु अभी तक इस लिपि को पढ़ा नहीं जा सका है।

सिंधु लिपि एक बहुत बड़ी पहेली क्यों है?

पुराने जमाने की किसी भी लिपि को पढ़ते समय तीन

प्रकार की दिक्कतें सामने आती हैं। सभी जानते हैं कि लेख किसी-न-किसी भाषा में लिखे होते हैं। यदि भाषा मालूम हो, तो देर-सबेर लिपि के अक्षर भी पहचान में आ जाते हैं। ब्राह्मी लिपि के उद्घाटन के समय ऐसा ही हुआ था। संस्कृत और प्राकृत भाषाएँ विद्वानों को मालूम थीं, इसलिए कुछ प्रयत्न के बाद ब्राह्मी लिपि को पढ़ पाना संभव हो गया।

कभी-कभी ऐसा भी होता है कि लिपि ज्ञात होती है, पर भाषा अज्ञात। ऐसा बहुत कम होता है। पर लिपि ज्ञात होने से धीरे-धीरे भाषा के स्वरूप के बारे में भी जानकारी मिल जाती है।

पुरालिपियों को पढ़ते समय सबसे अधिक कठिनाई का सामना तब करना पड़ता है जब लिपि और भाषा दोनों ही अज्ञात होती हैं। हजारों साल गुजर जाते हैं; देश के लोग, संस्कृति और धर्म में रद्दोबदल हो जाती है। लोग पुरानी भाषा और पुरानी लिपि को भूल जाते हैं। ऐसे समय नए सिरे से उन्हें खोजना एक पहेली बन जाती है।

सिंधु सभ्यता की लिपि ऐसी ही एक कठिन पहेली है। अभी सत्तर साल पहले तक किसी को भी सिंधु सभ्यता का कोई ज्ञान नहीं था। आज जब उसके बारे में बहुत-सी बातें मालूम हो गई हैं तो हम अब भी यह नहीं जानते कि सिंधु सभ्यता के लोग कौन-सी भाषा बोलते थे। संस्कृत या प्राकृत की तरह उस भाषा का नमूना आज हमारे पास नहीं है। उनकी लिपि भी ब्राह्मी लिपि की तरह सरल नहीं है। सबसे पहले हम मुहरों पर खोदे

गए सिंधु लिपि के नमूने देते हैं।

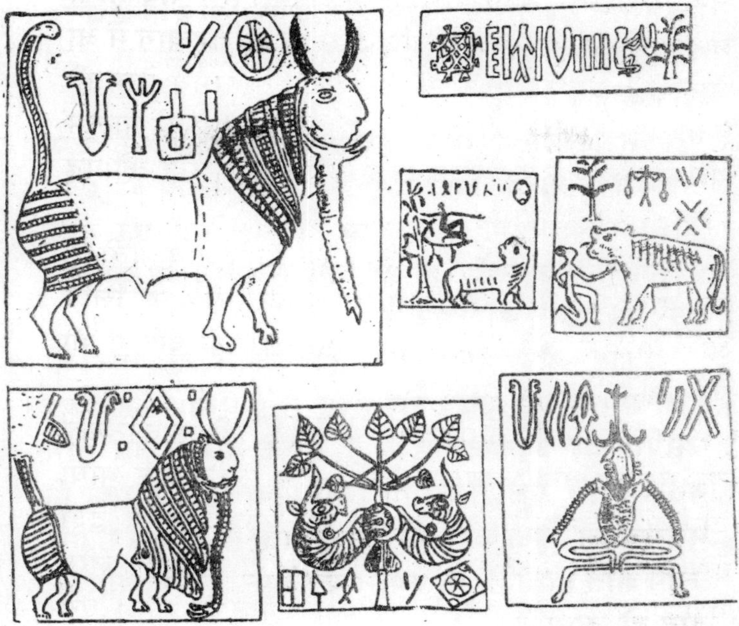

सिंधु लिपि की मुहरें

ये मुहरें किसलिए बनती थीं, इसके बारे में भी निश्चित रूप से कुछ नहीं कहा जा सकता। अशोक के लेखों की तरह सिंधु लिपि के लंबे-लंबे लेख नहीं मिले हैं। कोई ऐसी मुहर या लेख नहीं है जिस पर 20 से अधिक चिह्न हों।

अशोक की ब्राह्मी लिपि में अक्षरों की संख्या चालीस से अधिक नहीं है। किसी भी वर्णमालात्मक

लिपि में अक्षरों की संख्या लगभग इतनी ही रहती है, जैसे कि हमारी देवनागरी लिपि और रोमन लिपि के अक्षर। पर सिंधु लिपि में अलग-अलग अक्षरों की संख्या बहुत अधिक है।

सिंधु लिपि में अलग-अलग स्वतंत्र अक्षरों की संख्या लगभग 300 के आसपास है। जिस लिपि में इतने अधिक चिह्न हों, वह आज की लिपियों की तरह वर्णमालात्मक लिपि हो ही नहीं सकती। सिंधु लिपि दूसरे ही प्रकार की लिपि है।

लिपि और भाषा दोनों ही अज्ञात हों, तब भी पुरालिपियों का उद्घाटन हुआ है। ऐसी किन-किन लिपियों का उद्घाटन हुआ है, इसके बारे में हम आगे बतलाएँगे। ऐसे समय दो लिपियोंवाला, पर एक ही मतलब का, ऐसा कोई लेख मिल जाता है, जिसमें से एक लिपि ज्ञात होती है, तो प्रयत्न करने पर दूसरी लिपि भी ज्ञात हो जाती है।

दो भाषाओं और दो लिपियों में लिखे गए एक ही आशय के लेख को **द्वैभाषिक लेख** कहते हैं। मिस्र देश में इसी प्रकार का एक लेख मिल गया था। इसी लेख की सहायता से अंत में मिस्र की प्राचीन लिपि का उद्घाटन संभव हुआ।

पर सिंधु लिपि के अध्ययन के लिए अभी तक ऐसा कोई द्वैभाषिक लेख नहीं मिला है। इसलिए भी अब तक सिंधु लिपि की खोज नहीं हो पाई है। विद्वानों ने अब तक

केवल इतना ही जाना है कि सिंधु लिपि दाईं ओर बाईं ओर को लिखी जाती थी। कुछ विद्वानों का मत है कि इस लिपि में द्रविड़ परिवार की प्राचीन भाषा छिपी हुई है। इधर यूरोप के कुछ विद्वान इस लिपि के अध्ययन के लिए इलेक्ट्रोनिक गणक-यंत्रों की सहायता भी ले रहे हैं।

सिंधु लिपि के कुछ संकेत और उनके अर्थ (फिनलैंड के विद्वानों के अनुसार)

1. संबंध कारक
2. संप्रदान कारक, एकवचन
3. कर्त्ता कारक, बहुवचन
4. सम्बंध कारक, बहुवचन
5. संप्रदान, बहुवचन
6. राजा
7. आदमी
8. स्त्री, कंघी
9. तारा
10. छह तारे (कृत्तिका नक्षत्र,
11. मंदिर, राजमहल

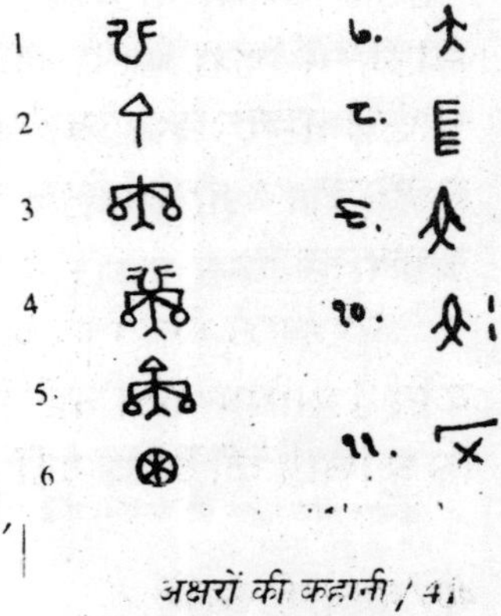

सिंधु लिपि के आदि-अंत का कोई पता नहीं चलता। अपने डेढ़ हजार साल के लंबे अर्से में इसके चिह्नों में कोई खास विकास नजर नहीं आता। हम यह भी नहीं जानते कि सिंधु लिपि का जन्म कहाँ और किस समय हुआ। सिंधु लिपि के अंतिम लेखों में और अशोक के ब्राह्मी लेखों में लगभग डेढ़ हजार साल का अंतर है। इस बीच का भारत में कोई लेख नहीं मिलता।* इसलिए हम यह भी दावे के साथ नहीं कह सकते कि सिंधु लिपि से ही ब्राह्मी लिपि का विकास हुआ है।

जो भी हो, इतना निश्चित है कि ब्राह्मी लिपि से भी करीब दो हजार साल पहले हमारे देश में एक लिपि थी। जब सिंधु लिपि पढ़ी जाएगी तो हमारे देश के प्राचीन इतिहास के बारे में हमें बहुत-सी नई बातों की जानकारी मिलेगी।

सिंधु लिपि ही संसार की सबसे पुरानी लिपि नहीं है। इसके पहले दूसरे देशों में लिपियों की खोज हो चुकी थी। विद्वानों का कहना है कि सबसे पहले सुमेरी लोगों ने लिपि को जन्म दिया था।

इसलिए अब हम सुमेर देश की यात्रा करेंगे और देखेंगे कि वहाँ आज से लगभग छह हजार साल पहले अक्षरों ने किस प्रकार जन्म लिया था...

* इधर के वर्षों में द्वारका के पास के समुद्र से एक संक्षिप्त लेख मिला है जिसे ईसा पूर्व करीब डेढ़ हजार साल पहले का माना गया है।

लिपि का जन्म

इराक देश से बहती हुईं दो मशहूर नदियाँ फारस की खाड़ी में गिरती हैं । ये दो नदियाँ हैं, दजला और फरात । इन दो नदियों के बीच के प्रदेश को मेसोपोटामिया कहते हैं और इन नदियों के मुहाने के प्रदेश का पुराना नाम सुमेर था, क्योंकि इस प्रदेश में सुमेरी लोग बसे हुए थे ।

दुनिया की सबसे पुरानी लिपि को जन्म देनेवाले यही सुमेरी लोग थे । सुमेरी लोगों के बारे में हमें बहुत अधिक जानकारी नहीं मिलती । हम केवल इतना जानते हैं कि दजला-फरात नदियों के मुहाने के पास उनकी बस्तियाँ थीं और वे खेती करना जानते थे । उर, निप्पुर आदि उनके नगर थे ।

ईसा से तीन हजार साल पहले सुमेरी लिपि जन्म ले चुकी थी । पर वह लिपि हमारी आज की लिपियों जैसी नहीं थी । कम-से-कम चिह्नों से ध्वनियों को व्यक्त करने का तरीका अभी नहीं खोजा गया था । उस समय की यह लिपि वास्तव में चित्रलिपि थी । दरअसल, सभी प्राचीन लिपियों की शुरुआत चित्रलिपियों से ही हुई है ।

सुमेरी लिपि में हर वस्तु या भाव के लिए एक चित्र

बनाया जाता था। जैसे, तारेनुमा चिह्न का अर्थ होता था तारा, आकाश या आकाश का देवता। सूर्य के चिह्न से दिन और उजाले का बोध होता था। पैरों का चिह्न बनाया जाता तो उसका अर्थ होता था चलना या खड़े रहना। आदमी, मछली आदि के लिए पहचान में आने लायक इसी प्रकार के चिह्न थे। नीचे हम सुमेरी लिपि का एक फलक और इस लिपि के कुछ चिह्न दे रहे हैं:

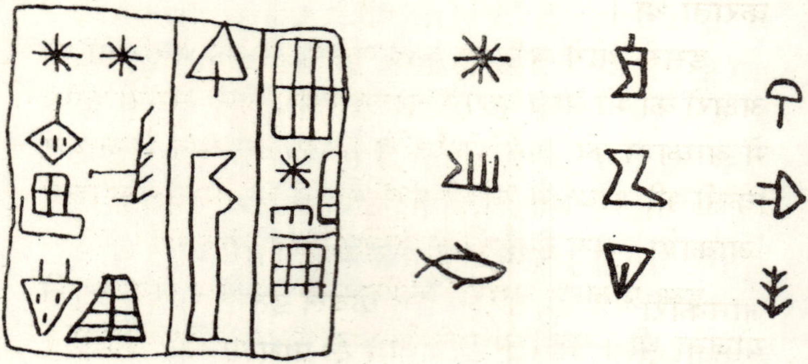

सुमेरी लिपि के भाव-संकेत

बाएँ : *एक सुमेरी फलक*
दाएँ : *सुमेरी भाव-संकेत, क्रमशः*
तारा (आकाश), आदमी, आँख,
हाथ, चलना, बैल,
मछली, स्त्री, अनाज

स्पष्ट है कि सुमेरी लिपि में बहुत अधिक चिह्न थे—हजारों चिह्न ! लेकिन सुमेरी लिपि पूर्णतः चित्रलिपि भी नहीं थी । यह कुछ विकसित लिपि थी । इसके कुछ चिह्नों ने भावचिह्नों का रूप ग्रहण कर लिया था । चिह्न जब केवल वस्तु का ही नहीं, बल्कि उसके पीछे निहित भाव का भी बोध कराते हैं तो वे भावचिह्न कहलाते हैं । जैसे, सूर्य का चिह्न 'ताप' का भी बोध कराता था ।

इससे आगे बढ़कर कुछ सुमेरी चिह्न ध्वनियों या अक्षरों का भी बोध कराने लग गए थे । जैसे, सुमेरी भाषा में आकाश को 'अन्' कहते थे । इसलिए बाद में जाकर किसी भी शब्द में यदि 'अन्' ध्वनि हो तो उसके लिए 'आकाश' वाले चिह्न का इस्तेमाल होने लगा ।

इस प्रकार, सुमेरी लिपि एक अजीब प्रकार की योजना थी । पर लिपि के विकास में ऐसा ही होता है ।

सुमेरी लोगों का लिखने का तरीका भी बड़ा विचित्र था । इराक में पत्थर कम मिलते हैं, पर मुलायम मिट्टी की वहाँ कमी नहीं है। इसलिए गीली मिट्टी के फलक या ईंटें तैयार की जाती थीं और उन पर किसी नुकीली लकड़ी से अक्षर उकेरे जाते थे । बाद में उस फलक को धूप में सुखाया या आग में पकाया जाता था ।

सुमेरी लोगों के उत्तर में अक्कदी लोग रहते थे । इनकी भाषा सुमेरी भाषा से भिन्न थी । बाद में इन अक्कदी लोगों ने सुमेर पर चढ़ाई करके उस प्रदेश को जीत लिया था ।

सुमेरी लोग अक्कदियों से ज्ञान और कला में बढ़े-चढ़े थे। फिर भी उनकी हार हुई। आर्यों के तूफानी आक्रमण के सामने भी सिंधु सभ्यतावालों का यही हाल हुआ था।

अक्कदी लोगों ने सुमेरी लोगों की कई बातों को अपनाया। अक्कदी लोगों की अपनी कोई लिपि नहीं थी। इसलिए उन्होंने सुमेरी लिपि को अपना लिया। धर्म और ज्ञान-विज्ञान से संबंधित और भी कई बातों को अपनाया।

सुमेरी लिपि को अपनाने में कई दिक्कतें थीं। एक तो सुमेरी लिपि आज की लिपियों की तरह थोड़े-से अक्षरोंवाली नहीं थी। दूसरे, अक्कदी भाषा सुमेरी भाषा से एकदम भिन्न थी। ऐसी हालत में सुमेरी लिपि के ध्वनि-संकेतों का अक्कदी भाषा के लिए इस्तेमाल करना बड़ा टेढ़ा मामला था। फिर भी अक्कदियों ने इसमें से रास्ता निकाल ही लिया।

अक्कदियों ने सुमेरी-अक्कदी भाषा के शब्दकोश तैयार किए। सुमेरी लिपि के इस्तेमाल के लिए इन शब्दकोशों की बड़ी जरूरत थी। लिपि के अलावा अक्कदी लोगों ने सुमेरियों की धर्म-कर्म की बातें भी अपनाई थीं।

पिछली शताब्दी में मेसोपोटामिया के नगरों की खुदाई हुई, तो उनमें बड़े-बड़े ग्रंथागार मिले। सुमेरी-अक्कदी लिपि के हजारों फलक मिले। इन फलकों को

जब पढ़ा गया तो अक्कदियों या बेबीलोनवालों के बारे में बहुत-सी जानकारी मिली। साथ ही, सुमेरी-अक्कदी शब्दकोशों के मिल जाने से सुमेरी लिपि और भाषा के बारे में भी पुराविदों को जानकारी मिली।

अक्कदियों के हाथों धीरे-धीरे सुमेरी लिपि का विकास हुआ। इसके चिह्नों की संख्या घटती चली गई। अंत में जाकर इस लिपि में संकेतों की संख्या केवल 600 रह गई थी। फिर भी अक्कदी लोग एक वर्णमालात्मक लिपि को जन्म नहीं दे पाए।

किसी समय अक्कदी लिपि का प्रचार सारे पश्चिम एशिया में हो गया था। किसी समय अक्कदी लिपि का पश्चिम एशिया के सभ्य देशों में वही स्थान था जो कि आज दुनिया में रोमन लिपि का है। कई दूसरी कौमों ने इस लिपि को अपनी-अपनी भाषाओं के लिए अपनाया

सुमेरी-अक्कदी लिपि

और इसके चिह्नों को घटाया-बढ़ाया। ईसा के डेढ़ हजार साल पहले अनातोलिया में **हित्ती** लोगों का राज्य स्थापित हो गया था। उन्होंने भी अपनी भाषा के लिए इस लिपि को अपनाया था।

भाषाविदों ने संसार की भाषाओं को कुछ प्रमुख वर्गों में बाँटा है। जैसे, उत्तर भारत की भाषाएँ आर्य-परिवार की हैं। तमिल, तेलुगु, कन्नड और मलयालम भाषाएँ द्रविड़-परिवार की हैं। पुरानी संस्कृत, ईरान की प्राचीन भाषा, ग्रीक व लैटिन भाषाएँ भी एक ही परिवार की हैं। इस भाषा-परिवार को **भारत-यूरोपीय भाषा-परिवार** का नाम दिया गया है।

ऐसा लगता है कि भारत-यूरोपीय परिवारवाले पुराने लोगों की अपनी कोई लिपि नहीं थी। इसलिए वे जहाँ भी गए उन्होंने शुरू में वहाँ की लिपि को अपना लिया था। कुछ आर्यभाषी लोग जब ईरान में जाकर बस गए तो उन्होंने अक्कदी लिपि में से कुछ चिह्नों को लेकर अपनी आर्यभाषा के लिए एक नई लिपि का निर्माण किया था। लिपियों के इतिहास में इस लिपि का बड़ा महत्त्व है।

जिस समय आर्य लोग भारत में आए थे उसी समय इनकी एक शाखा ईरान जाकर बस गई थी। अशोक के तीन-चार सौ साल पहले ईरान में कुरोष, क्षयार्ष और दारयवहु (दारा) नाम के प्रसिद्ध सम्राट हुए। इनमें दारा एक प्रतापी राजा था। एक समय उसका राज्य पश्चिम

भारत से भूमध्य सागर तक संपूर्ण पश्चिम एशिया में फैला हुआ था। यह 500 ई.पू. के आसपास की बात है। इन शासकों के एक पूर्वज का नाम हख़मान था, इसलिए यह साम्राज्य **हख़ामनी साम्राज्य** के नाम से इतिहास में प्रसिद्ध है। इनकी भाषा हमारे वेदों की भाषा से मिलती-जुलती थी।

जब हख़ामनी राज्य का विस्तार हुआ तो इन्हें एक नई लिपि की जरूरत पड़ी। इन्होंने बेबीलोनी (अक्कदी) लिपि के करीब चालीस संकेत लिए और उन्हें अपनी भाषा की व्यंजन ध्वनियों के मान दिए। साथ ही, इन्होंने कुछ भावसंकेतों को भी अपनाया। इस प्रकार एक नई लिपि ने जन्म लिया। पर यह शुद्ध वर्णमालात्मक लिपि नहीं थी। उस समय तक भारत में हमारी ब्राह्मी लिपि संभवत: जन्म ले चुकी थी, जो एक शुद्ध वर्णमालात्मक लिपि थी।

सम्राट अशोक की तरह ही हख़ामनी शासकों ने बड़ी-बड़ी चट्टानों पर अपने अभिलेख खुदवाए थे। हख़ामनी शासकों की इस लिपि के अक्षर कील के आकार के हैं, इसलिए पुरालिपिविदों ने इसे प्राचीन **पारसी कीलाक्षर लिपि** का नाम दिया है। अक्कदी और सुमेरी लिपि को भी **कीलाक्षर लिपि** के नाम से ही जाना जाता है।

ईरान के हख़ामनी शासन को नष्ट करने के बाद ही सिकंदर भारत पहुँचा था। हख़ामनी राज्य की समाप्ति

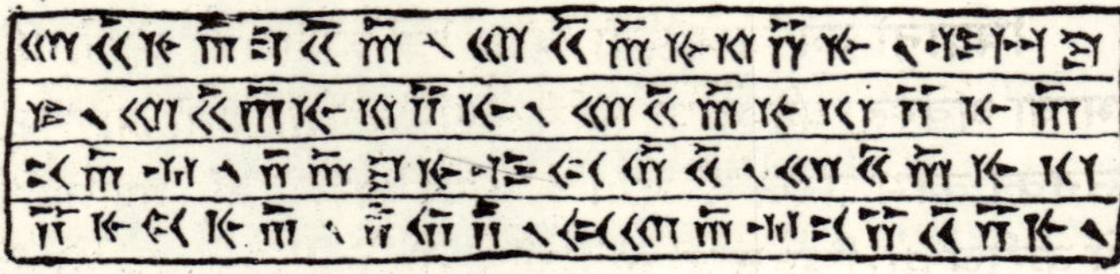

पारसी कीलाक्षर लिपि

के साथ यह कीलाक्षर लिपि भी मर गई। बाद में ईरानियों ने एक नई लिपि को जन्म दिया, जिसमें उनके पवित्र ग्रंथ 'अवेस्ता' को लिखा गया था। करीब दो हजार साल तक कीलाक्षर लिपि का ज्ञान लुप्त रहा।

पिछली सदी के आरंभ में नए ढंग से इस लिपि के अध्ययन का सिलसिला शुरू हुआ। ईरान की बेहिस्तुन चट्टान पर सम्राट दारा के तीन लिपियों—पारसी, बेबीलोनी और एलामी कीलाक्षरों—में लंबे लेख खुदे हुए हैं। **रावलिंसन** नाम के एक विद्वान ने इन लेखों की नकल उतारी और इनका अध्ययन शुरू कर दिया। दूसरे विद्वान भी इन लेखों के अध्ययन में जुट गए।

प्रयत्न करने पर अंत में यह भी मालूम हो गया कि इन हख़ामनी लेखों में कौन-सी भाषा छिपी हुई है। जिस प्रकार 'वेद' आर्यों के पवित्र ग्रंथ हैं, उसी प्रकार 'अवेस्ता' पारसियों का धर्मग्रंथ है। वेदों की तरह आज भी इस ग्रंथ का पठन-पाठन होता है। वेदों की भाषा और अवेस्ता की भाषा में काफी समानता भी है। अवेस्ता लगभग उतना ही प्राचीन है जितने कि वेद।

विद्वानों को जब पता चला कि हख़ामनी लेखों की भाषा अवेस्ता की भाषा से मिलती-जुलती है तो आगे का उनका काम सरल हो गया। भाषा मालूम हो और लिपि में करीब 40 चिह्न हों तो ऐसी लिपि का उद्घाटन हो ही जाता है। अंत में पारसी कीलाक्षर लिपि को पूरी तरह पढ़ लिया गया।

हम बता चुके हैं कि बेहिस्तुन की चट्टान पर एक ही आशय का लेख तीन लिपियों में खोदा गया है। जब पारसी कीलाक्षर लिपि खोज ली गई तो विद्वान इसकी मदद से बेबीलोनी कीलाक्षर लिपि के अध्ययन में जुट गए और अंत में इस लिपि का भी उद्घाटन हो गया। तीसरी एलामी लिपि भी पहचान ली गई।

मेसोपोटामिया से बेबीलोनी कीलाक्षर लिपि के हजारों फलक मिले हैं। अब ये फलक यूरोप के संग्रहालयों में सुरक्षित रखे हुए हैं। इनके पढ़े जाने से मेसोपोटामिया के प्राचीन इतिहास के बारे में बहुत-सी नई बातों की जानकारी मिली है।

हम बता चुके हैं कि अक्कदियों ने सुमेरी-बेबीलोनी भाषा के शब्दकोश तैयार किए थे। इन शब्दकोशों के मिल जाने से सुमेरी भाषा और लिपि की भी खोज हुई।

अब यह बात किसी के भी समझ में आ सकती है कि पुरानी लिपियों का अध्ययन कितने महत्त्व का होता है। अभी दो सौ साल पहले हमें सुमेरी, बेबीलोनी और हख़ामनी सभ्यताओं के बारे में कोई जानकारी नहीं थी।

पर इन सभ्यताओं के अभिलेखों का अध्ययन होने के बाद सारा कुछ प्रकट हो गया है।

हम बता चुके हैं कि कीलाक्षर लिपि का इस्तेमाल हित्ती शासकों ने भी किया था। हित्ती लेखों में कुछ वैदिक देवताओं के भी नाम मिले हैं; जैसे, वरुण, मित्र, नासत्य आदि। इससे यह भी पता चला कि आज से लगभग साढ़े तीन हजार साल पहले पश्चिम एशिया में आर्य भाषा बोलनेवाले कुछ लोग शासन करते थे।

जिस प्रकार कीलाक्षर लिपि के जानने से पश्चिम एशिया के इतिहास के बारे में जानकारी मिली है, उसी प्रकार मिस्र की प्राचीन लिपि की कहानी भी बड़ी दिलचस्प है। आओ, हम अब मिस्र की प्राचीन लिपियों का परिचय प्राप्त करें। मिस्र की लिपि भी लगभग उतनी ही पुरानी है जितनी कि सुमेरी लिपि या हमारी सिंधु लिपि।

मिस्र की प्राचीन लिपि

नेपोलियन बोनापार्त का नाम सभी ने सुना होगा। सन् 1798 ई. में एक बड़ी सेना के साथ उसने मिस्र देश पर धावा बोल दिया था। नेपोलियन की सेना के साथ फ्रांसीसी विद्वानों की एक मंडली भी थी। इन विद्वानों का काम था मिस्र की पुरानी वस्तुओं, पिरामिडों, मंदिरों, कब्रों, खनिजों, चट्टानों आदि का अध्ययन करना।

मिस्र में दक्षिण से उत्तर की ओर नील नदी बहती है। नील नदी के मुहाने के पास रोसेटा नाम का एक स्थान है। यहाँ फ्रांसीसी सेना के एक सिपाही को बैसेल्ट पत्थर की एक शिला मिली। यह कोई मामूली शिला नहीं थी। इस पर तीन लिपियों में लेख खोदे हुए थे।

इन तीन लिपियों में दो मिस्र की पुरानी लिपियाँ थीं और तीसरी थी ग्रीक लिपि। नेपोलियन के साथ आए विद्वानों में से कुछ विद्वान इस ग्रीक लिपि और भाषा को अच्छी तरह जानते थे। इस शिला पर उकेरे हुए ग्रीक लेख को पढ़ा गया तो पता चला कि यह लेख ईसा से भी दो सौ साल पुराना है। तब मिस्र पर तालेमी राजाओं का

शासन था। तब अलेक्जेंड्रिया (सिकंदरिया) नगर अपने विश्वविद्यालय के लिए दूर-दूर तक प्रसिद्ध था।

बाद में यह **रोसेटा शिला** अंग्रेजों के हाथ में चली गई और आज यह लंदन के ब्रिटिश संग्रहालय में सुरक्षित है। पर इस पर उकेरे हुए लेखों की छापें उतारकर उन्हें यूरोप के विद्वानों के पास पहले ही पहुँचा दिया गया था। यूरोप के विद्वान मिस्र की प्राचीन लिपियों के अध्ययन में जुट गए।

पिछले दो हजार सालों से मिस्र की प्राचीन लिपियों के ज्ञान को भुला दिया गया था। सिकंदर के बाद मिस्र पर तालेमी राजाओं का शासन रहा, फिर रोमनों का। ईसा के बाद मिस्र में ईसाई धर्म का प्रचार हुआ, मिस्र के ईसाई **कॉप्ट** कहलाए। भाषा बदली, लिपि बदली। फिर सातवीं सदी में मिस्र में इस्लाम का प्रचार हुआ। पुनः भाषा बदली, लिपि बदली। मिस्र के प्राचीन वैभव को भुला दिया गया।

रोसेटा शिला के मिल जाने से नए सिरे से मिस्र की प्राचीन लिपियों का अध्ययन शुरू हो गया। मिस्र के पुराने लेखों में बीच-बीच में वलयों के भीतर लिपि-संकेत खोदे हुए हैं। इंग्लैंड के एक विद्वान **थॉमस यंग** ने जाना कि इन वलयों के बीच में मिस्री राजाओं और रानियों के नाम रहते हैं, और उन्होंने ऐसे कुछ नामों को पढ़ा भी। यहाँ हम कुछ नामांकित वलय दे रहे हैं :

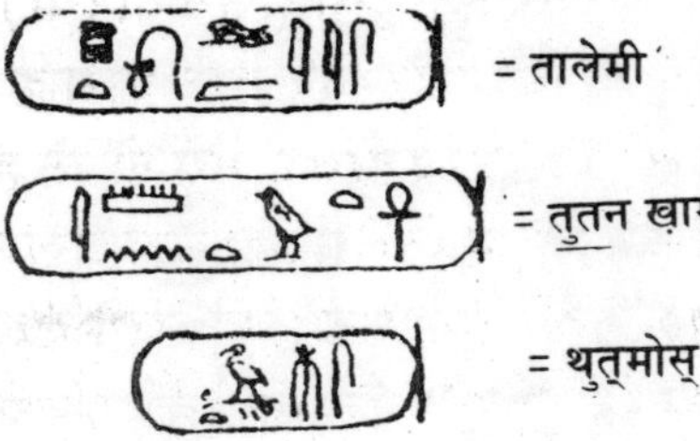

वलयों के भीतर हाइरोग्लिफिक लिपि में मिस्री राजाओं के नाम

लेकिन अभी बहुत कुछ खोजना बाकी था । फ्रांस के एक तरुण **जाँ शेंपोलियों** इस काम में जुट गए और अंत में उन्होंने मिस्र की प्राचीन लिपियों का उद्घाटन कर लिया ।

दरअसल, प्राचीन मिस्र में तीन प्रकार की लिपियों का इस्तेमाल होता था—हाइरोग्लिफिक, हिराटिक और देमोतिक । ये तीनों लिपियाँ मूलतः एक ही लिपि से बनी हैं । बड़े-बड़े स्मारकों पर हाइरोग्लिफिक के अक्षर खोदे जाते थे । इन्हीं अक्षरों को पेपीरस कागज़ पर लिखने के कारण ये कुछ घसीटे बने और हिराटिक कहलाए । हिराटिक को और अधिक घसीटा लिखने के कारण यही लिपि देमोतिक बन गई । प्राचीन मिस्र में इन तीनों लिपियों का साथ-साथ इस्तेमाल होता था ।

मिस्र की प्राचीन सभ्यता का उदय 3000 ई. पू. के आसपास हुआ था । उस समय तक मिस्र की यह लिपि जन्म ले चुकी थी और इसका कुछ विकास भी हो चुका था । पेपीरस कागज की भी खोज हो चुकी थी ।

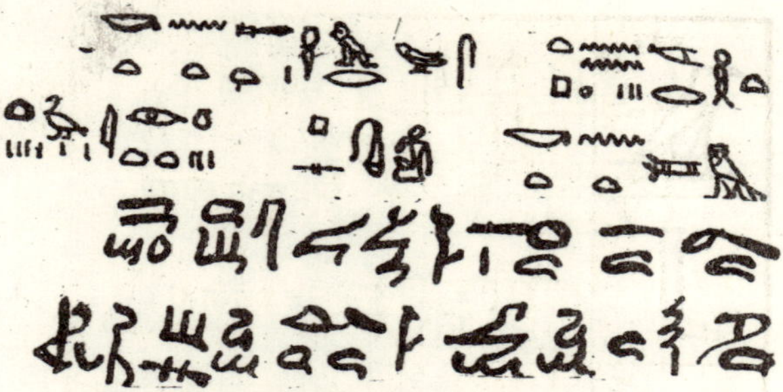

मिस्र की हाइरोग्लिफिक और हिराटिक लिपियाँ

मिस्र की प्राचीन लिपि एक अजीब प्रकार की खिचड़ी है। इसमें शुद्ध चित्र-संकेत हैं, अर्थ को पूरी तरह प्रकट करने के लिए निर्धारक चिह्न हैं और ध्वनि-संकेत भी हैं। अंत में जाकर तो हाइरोग्लिफिक लिपि के 24 संकेतों की एक 'व्यंजन-वर्णमाला' भी अस्तित्व में आ गई थी। इन सबके कुछ नमूने हम नीचे दे रहे हैं :

हाइरोग्लिफिक लिपि के संकेत

मिस्र की प्राचीन लिपि में 24 व्यंजन-अक्षर अस्तित्व में आ गए थे। मिस्र के पुरोहित-पंडित चाहते तो इनमें स्वरों के कुछ संकेत जोड़कर एक शुद्ध वर्णमालात्मक

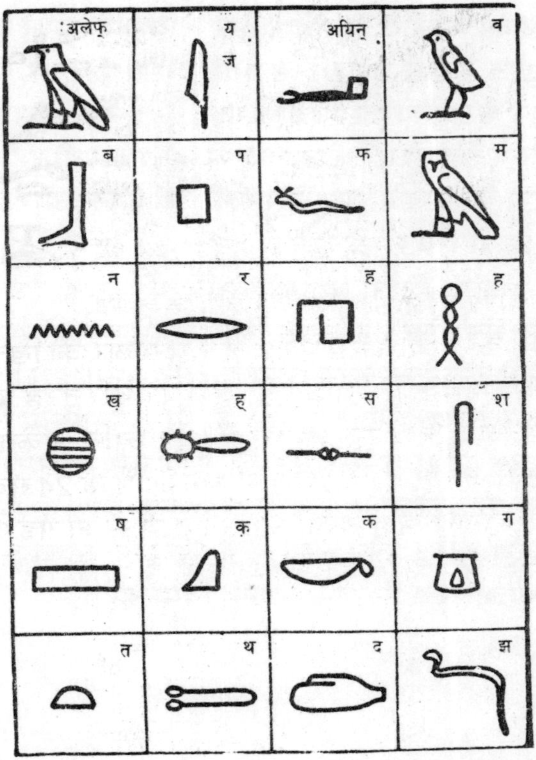

मिस्र की हाइरोग्लिफिक लिपि की 'वर्णमाला' (व्यंजन-माला)। ये संकेत वस्तुओं के चित्र हैं, (क्रमशः):

गृध	नरकुल	अग्रबाहु	बटेर
पाद	आसन	श्रृंगयुक्त-सर्प	उलूक
जल	मुख	प्रांगण	पंजिका, लच्छी
आंत	पशु-उदर	अर्गला	तह किया वस्त्र
सरोवर	शैल, पहाड़ी	टोकरी	कलश-धानी
रोटी	लगाम	हस्त	सरीसृप

लिपि को जन्म दे ही सकते थे। लेकिन वे पुराने का मोह न छोड़ सके! व्यंजन-संकेतों के साथ-साथ वे दूसरे प्रकार के संकेतों का भी इस्तेमाल करते रहे। इससे मिस्री लिपि में संकेतों की संख्या काफी अधिक बनी रही। यही कारण है कि जब मिस्र में यूनानी लिपि का प्रचार हुआ तो यह मिस्री लिपि मर गई।

यूनानी लिपि ब्राह्मी लिपि की तरह एक वर्ण-मालात्मक लिपि है। इस लिपि ने ही बाद में यूरोप की सारी लिपियों को जन्म दिया है। पर अपनी इस लिपि की खोज स्वयं यूनानियों ने नहीं की थी। यूनानियों से पहले पश्चिम एशिया के दूसरे ही लोग एक वर्णमालात्मक लिपि की खोज कर चुके थे। वह किस्सा भी बड़ा मनोरंजक है। कौन लोग थे वे जिन्होंने पहली बार एक वर्णमालात्मक लिपि को जन्म दिया था…

यूनानी लिपि

भूमध्य सागर में क्रीट नाम का एक द्वीप है। पिछली शताब्दी में इस द्वीप में एक बहुत पुरानी सभ्यता की खोज हुई। **इवान्स** नाम के एक पुराविद ने क्रीट के पुराने नगरों की खुदाई की तो उन्हें यहाँ, और वस्तुओं के साथ, दो-तीन प्रकार की लिपियों के नमूने भी मिले।

जिस प्रकार आर्य भाषा बोलनेवाले लोग बाहर से आकर भारत में बसे थे, उसी प्रकार यूनानी लोग भी बाहर से आकर ग्रीस और एजियन सागर के द्वीपों में बस गए थे। यह 1500 ई. पू. के आसपास की बात है।

यूनानियों ने क्रीट की पुरानी सभ्यता को नष्ट करके उस पर अधिकार जमा लिया था। क्रीट द्वीप के लोगों की अपनी एक लिपि थी। यूनानियों ने इस लिपि को अपना लिया और शुरू-शुरू में अपनी भाषा को इसी लिपि में लिखा। पुराविदों ने क्रीट की इस लिपि को **रैखिक-ब लिपि** का नाम दिया है। अभी 1950 ई. तक यह लिपि पढ़ी नहीं गई थी। किसी को भी इस बात का अंदाज नहीं था कि इस लिपि में प्राचीन यूनानी भाषा छिपी हुई है,

क्योंकि यूनानियों की अपनी स्वतंत्र लिपि थी।

इंग्लैंड के एक तरुण **माइकेल वेन्ट्रिज** ने इस लिपि का अध्ययन शुरू किया, बिलकुल नए तरीके से। उन्होंने इस लिपि में छिपी हुई भाषा का खयाल छोड़ दिया और वे केवल अक्षरों की बारंबारता और इसके अंत एवं पूर्व प्रत्ययों का शुद्ध अध्ययन करने लगे। इस प्रकार के अध्ययन से पता चल जाता है कि लिपि में छिपी हुई भाषा का स्वरूप या व्याकरण किस प्रकार का है। जब वेन्ट्रिज को इस बात का आभास मिला कि इसका व्याकरण यूनानी भाषा जैसा है तो उन्होंने इसके संकेत-समूहों पर पुराने यूनानी शब्दों का प्रयोग करके देखा और अंत में जान लिया कि इसमें प्राचीन यूनानी भाषा छिपी हुई है। पुरालिपियों के इतिहास में इस खोज का बड़ा महत्त्व है, क्योंकि शुरू में भाषा और लिपि दोनों ही अज्ञात थीं। केवल आंतरिक अध्ययन करके लिपि का भेद खोला गया।

रैखिक-ब लिपि सिलेबिक थी, यानी यह ऐसी लिपि थी जिसमें दो-तीन स्वर-व्यंजनों के लिए एक-एक चिह्न था। कुछ भाव-संकेतों का भी इस्तेमाल होता था। हम नीचे इस लिपि का नमूना दे रहे हैं :

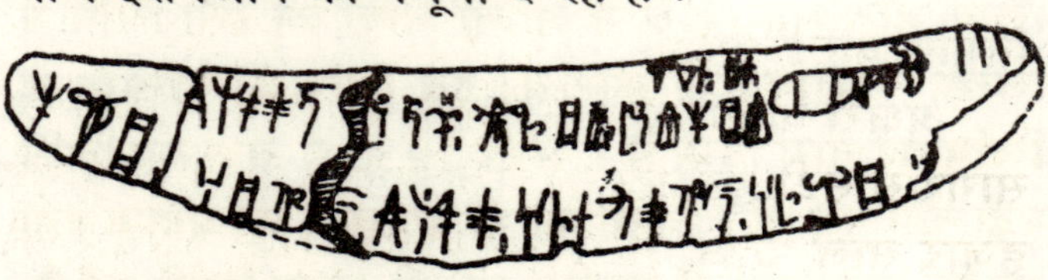

क्रीट द्वीप की रैखिक-ब लिपि का एक फलक

क्रीट में इस लिपि से अधिक पुरानी एक और लिपि थी। इसे **रैखिक-अ लिपि** का नाम दिया गया है। यह संभवतः क्रीट द्वीप के मूल निवासियों की लिपि थी। पर अभी तक इस लिपि की पूरी तौर से खोजबीन नहीं हो पाई है। इसी लिपि के आधार पर यूनानियों ने अपनी भाषा के लिए रैखिक-ब लिपि का निर्माण किया था।

आज के यूरोपवासियों को प्राचीन यूनान की कला, साहित्य और विज्ञान पर बड़ा गर्व है। होना भी चाहिए, क्योंकि यूनानी भाषा, लिपि, साहित्य और विज्ञान ने यूरोप को बहुत-कुछ दिया है।

पर स्वयं यूनानी लोग अपने ज्ञान-विज्ञान के लिए प्राचीन मिस्र और बेबीलोन के ऋणी हैं। उन्होंने स्पष्ट शब्दों में इस ऋण को स्वीकार भी किया है। हाँ, यूनानियों के हाथों इस ज्ञान-विज्ञान का खूब विकास हुआ था। यूनानी लोग अपनी लिपि के लिए भी दूसरे लोगों के ऋणी हैं।

क्रीट द्वीप की रैखिक-ब लिपि में कई दिक्कतें थीं। इसलिए यूनानियों ने उस लिपि को छोड़ दिया और 1000 ई. पू. के आसपास अपनी भाषा के लिए पश्चिम एशिया की एक अन्य लिपि के आधार पर एक नई लिपि का निर्माण कर लिया।

अक्षरों के इतिहास में पश्चिम एशिया की भूमध्य सागर से सटी हुई पट्टी का बड़ा महत्त्व है। ईसा से डेढ़ हजार साल पहले इस प्रदेश में एक खास परिवार की

भाषा बोलनेवाले साहसी लोग बसे हुए थे। व्यापार उनका मुख्य पेशा था। वे सेमेटिक या सामी परिवार की भाषाएँ बोलते थे। पुरानी अक्कदी भाषा भी सामी परिवार की ही थी। अरबी, हिब्रू आदि भाषाएँ भी सामी परिवार की हैं।

ई. पू. 1500 के आसपास इन सामी भाषियों ने लिपि के क्षेत्र में कई नए प्रयोग किए। उन्होंने 22 व्यंजन-संकेतोंवाली एक वर्णमाला को जन्म दिया। इस वर्णमाला में स्वरों के लिए संकेत नहीं थे। इनकी उन्हें विशेष जरूरत भी नहीं थी; क्योंकि सामी भाषाएँ कुछ ऐसी होती हैं कि उसमें स्वरों को लिखे बिना भी काम चल जाता है। अरबी लिपि का भी कुछ-कुछ यही हाल है।

इस नई व्यंजनमाला की शुरुआत ठीक किस स्थान पर और किस समय हुई, यह बताना कठिन है। हम बता चुके हैं कि मिस्री में 26 व्यंजन-संकेत अस्तित्व में आ चुके थे। कुछ विद्वानों का कहना है कि उसी से सामी भाषियों को इस नई वर्णमाला की बात सूझी थी। कुछ अन्य विद्वानों का कहना है कि सिनाई प्राय द्वीप में इस नई लिपि की शुरुआत हुई।

जो भी हो, हम देखते हैं कि 1000 ई. पू. के आसपास सामी भाषाओं को लिखने के लिए कई व्यंजन-वर्णमालाएँ अस्तित्व में आ गई थीं। पुराविदों ने इन लिपियों को तरह-तरह के नाम दिए हैं। इन्हें **सेमेटिक लिपि** या **कनानी लिपि** या **फिनिशियन लिपि** के नाम से जाना जाता है।

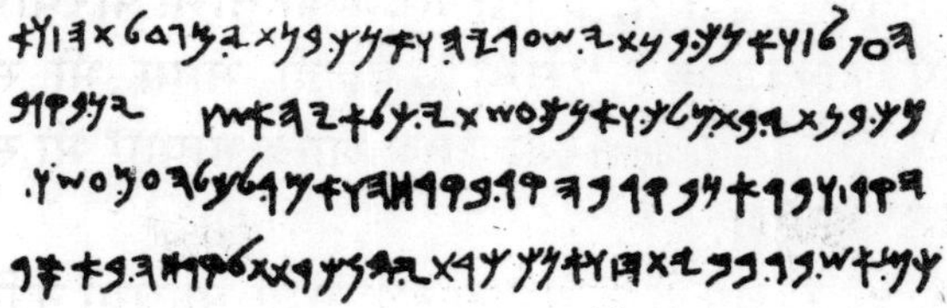

सेमेटिक लिपि

यहाँ हमने 850 ई. पू. के आसपास के इस लिपि में लिखे हुए एक लेख का नमूना दिया है ।

इस लिपि में 22 अक्षर-चिह्न थे—सभी व्यंजन-संकेत । यूनानियों ने अपनी भाषा के लिए इन्हीं चिह्नों को अपनाया, स्वरों के लिए कुछ नए संकेत बनाए और इस प्रकार अपनी यूनानी भाषा के लिए स्वर-व्यंजनों सहित एक पूर्ण वर्णमाला बना ली । यूनानियों ने सेमेटिक लिपि के न केवल अक्षर-चिह्न अपनाए बल्कि इन अक्षरों का सेमेटिक भाषा में जिस प्रकार उच्चारण होता था, उन उच्चारणों को भी अपना लिया । जैसे, सेमेटिक 'आलेफ़्' का यूनानी में 'अल्फा' बना, 'बेथ' का 'बिटा' बना, 'गिमेल' का 'गामा' बना, इत्यादि ।

इस प्रकारा यूनानी भाषा के लिए 24 अक्षरों की एक नई वर्णमाला अस्तित्व में आ गई । नीचे हम इस लिपि में लिखे गए एक प्राचीन यूनानी लेख का नमूना दे रहे हैं ।

यूरोप की प्राचीन लैटिन, इत्रुस्कान, गोथिक आदि लिपियाँ यूनानी लिपि के आधार पर ही बनी हैं । जिस

यूनानी लिपि का एक लेख

प्रकार आज की भारतीय लिपियों की जननी ब्राह्मी लिपि है, उसी प्रकार आज की तमाम यूरोपीय लिपियों का विकास यूनानी वर्णमाला से हुआ है।

पर यहाँ एक फरक ध्यान में रखना चाहिए। हम यह नहीं जानते कि ब्राह्मी वर्णमाला का जन्म स्वतंत्र रूप से हुआ या किसी दूसरी प्राचीन लिपि के अक्षरों के आधार पर इसे बनाया गया। पर यूनानी वर्णमाला के बारे में हम निश्चित रूप से जानते हैं कि यह लिपि सेमेटिक लिपि की व्यंजन-वर्णमाला के आधार पर बनाई गई थी।

आज की वर्णमालात्मक लिपियाँ एक दिन का करिश्मा नहीं हैं। बिकास होते-होते ही पुरानी लिपियाँ वर्णमाला की स्थिति पर पहुँची हैं। संक्षेप में हम कह सकते हैं कि आज से तीन हजार साल पहलें वर्ण-मालात्मक लिपियाँ बननी शुरू हो गई थीं।

यह जरूरी नहीं कि सभी प्राचीन लिपियाँ चित्र-लिपियों से शुरू होकर अंत में वर्णमाला के स्तर पर पहुँच

ही गई हों। हम देख चुके हैं कि वर्णमाला की स्थिति पर पहुँचने से पहले ही बहुत सारी प्राचीन लिपियाँ समाप्त हो चुकी थीं; जैसे, मिस्र की प्राचीन लिपि और मेसोपोटामिया की कीलाक्षर लिपि।

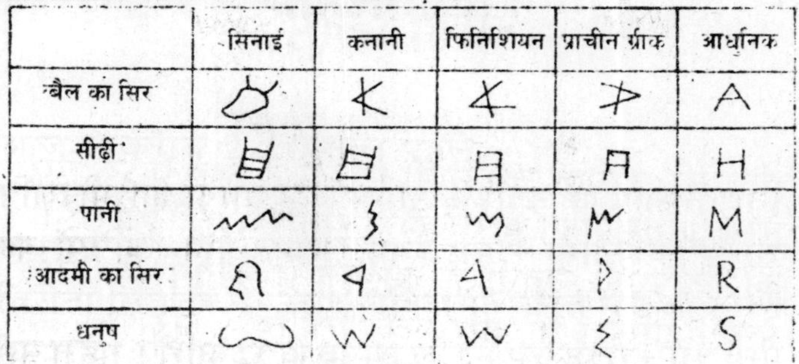

ग्रीक लिपि की उत्पत्ति एवं विकास

लेकिन संसार की एक लिपि इस नियम का अपवाद बनी हुई है। आज भी वह लिपि चित्रात्मक या भावचित्रात्मक स्वरूप की है। उसमें आज भी हजारों संकेत हैं। वह लिपि है **चीनी लिपि**।

चीनी लिपि

चीन की सभ्यता उतनी ही पुरानी है जितनी कि मिस्र, मेसोपोटामिया या भारत की सभ्यताएँ। इसी प्रकार चीन की लिपि भी उतनी ही प्राचीन है जितनी कि मिस्र, मेसोपोटामिया या भारत की लिपियाँ। पर एक बड़ा फरक है। जहाँ दूसरे देशों की लिपियाँ बदलते-बदलते वर्णमाला की स्थिति पर पहुँच गई हैं, वहाँ चीन की लिपि का स्वरूप पिछले तीन-चार हजार सालों की लंबी अवधि में ज्यों-का-त्यों रहा है!

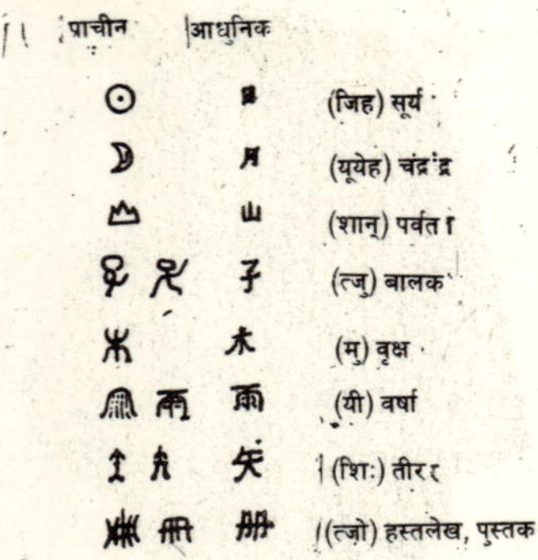

चीनी लिपि के संकेतों का विकास।

आज से करीब चार हजार साल पहले चीनी लिपि जन्म ले चुकी थी—चित्र-संकेत और भाव-संकेतों के रूप में। उतने पुराने इस लिपि के लेख भी मिलते हैं। पर तब से आज तक इस लिपि में कोई विशेष परिवर्तन नहीं हुआ है। चीनी लिपि में कुल मिलाकर लगभग 50 हजार चिह्न हैं! इनमें से छह-सात हजार चिह्नों का अधिक इस्तेमाल होता है। इसलिए किसी भी चीनी व्यक्ति को इतने लिपि-संकेत सीखने ही पड़ते हैं।

इतनी कठिनाई होने पर भी चीनी लिपि में खूब साहित्य लिखा गया। चीनी लिपि में सुलेखन कला पर विशेष ध्यान दिया जाता रहा है। ईसा की पहली शताब्दी में ही चीनवालों ने ठप्पों की छपाई का आविष्कार कर लिया था। आधुनिक कागज़ का आविष्कार भी सबसे पहले चीन में ही हुआ था।

चीनियों ने एक वर्णमालात्मक लिपि को जन्म नहीं दिया, इसका प्रमुख कारण है उनकी भाषा की विशेषता। चीनी भाषा एकाक्षरी है, इसलिए चीनी लिपि भी एकाक्षरी बन गई है। पर ऐसे अक्षरों की संख्या हजारों पर पहुँच गई है।

जाहिर है कि मुद्रण की दृष्टि से चीनी लिपि में अनेक कठिनाइयाँ हैं। पर एक सुविधा भी रही है। चीन में चीनी भाषा की कई बोलियाँ बोली जाती हैं। इनमें से कुछ में इतना अधिक अंतर है कि एक प्रदेश का आदमी दूसरे प्रदेश की बोली को नहीं समझ सकता। लेकिन चीनी लिपि ने सारे देश को एक सूत्र में बाँध दिया है। चीनी लिपि चित्र-संकेत और भाव-संकेतों का समूह है। इसलिए एक ही चीनी लिपि को सारा देश अपनी-अपनी बोलियों में पढ़ सकता है।

चीन का आज का साम्यवादी शासन अब अपनी लिपि की कठिनाइयों को समझता है। वह धीरे-धीरे इस लिपि के स्थान पर एक वर्णमालात्मक लिपि को अपनाना चाहता है। जब चीन में नए चिह्नोंवाली वर्णमाला अस्तित्व में आ जाएगी तो चीनी लिपि भी एक पुरालिपि बन जाएगी।

जापान अपनी संस्कृति, शब्दावली और लिपि के लिए चीन का ऋणी है। जापान के पास अपनी कोई पुरानी लिपि नहीं थी। इसलिए अन्य अनेक बातों के साथ ईसा

की तीसरी सदी में जापानियों ने चीनी लिपि को अपना लिया था। बौद्ध धर्म भी चीन से ही कोरिया होते हुए जापान पहुँच गया था।

बौद्ध धर्म के कारण जापान जब भारत की वर्णमालात्मक लिपि के संपर्क में आया तो वहाँ के कुछ पंडित भिक्षुओं ने जापानी लिपि में सुधार करने के बारे में सोचा। परिणाम यह हुआ कि ईसा की आठवीं-नौवीं सदी में वहाँ दो अक्षरमालाएँ (सिलेबिक लिपियाँ) अस्तित्व में आईं। इन अक्षरमालाओं को बनाने की प्रेरणा भारतीय वर्णमाला से ही मिली थी।

जापान की ये दो अक्षरमालाएँ हैं—**काताकाना** और **हिराकाना**। काताकाना के पहले पाँच अक्षर 'अ-इ-उ-ए-ओ' हैं, इसलिए इसे **अइउएओ अक्षरमाला** भी कहते हैं। यहाँ अक्षरों का क्रम भारतीय वर्णमाला जैसा है। इसे **किबी-नो माबी** नाम के एक व्यक्ति ने बनाया था।

हिराकाना वर्णमाला को एक बौद्ध भिक्षु **कोबो देशी** ने बनाया था। कोबो देशी कवि भी थे। हिराकाना अक्षरमाला के सारे अक्षरों की एक काव्यपंक्ति बनती है, जिसका अर्थ होता है—''इस क्षणिक संसार में सभी कुछ अनित्य है। इसके मायाजाल तथा दिखावे से मैं बचना चाहता हूँ।'' स्पष्ट है कि यह बौद्ध धर्म का वचन है।

जापानियों ने भारतीय वर्णमाला से प्रेरणा ग्रहण करके दो अक्षरमालाएँ तो बना लीं, पर उन्होंने इनके लिए भारतीय लिपि के अक्षरों को नहीं लिया। उन्होंने

इन अक्षरमालाओं के लिए करीब पचास-पचास चिह्न अपनी पुरानी लिपि से ही चुने।

अक्षरमालाएँ बना लेने पर भी जापानी लोग केवल इन्हीं अक्षरों का इस्तेमाल नहीं करते रहे। वे साथ-साथ पुराने भाव-संकेतों का भी इस्तेमाल करते रहे। इसलिए जापानी लिपि भी चीनी लिपि की तरह बोझिल बनी रही।

अब तो चीन अपनी पुरानी लिपि को छोड़ने की तैयारी कर रहा है। तब शायद जापान भी चीन से ली हुई अपनी लिपि को छोड़ देगा या केवल अपनी अक्षरमाला का ही इस्तेमाल करेगा।

आरमेई लिपि

संसार में अनेक लिपियों ने जन्म लिया है। इनमें से कई लिपियाँ हजारों साल तक जीवित रहने के बाद अंत में समाप्त हो गईं; जैसे, मिस्र की प्राचीन लिपि और मेसोपोटामिया की कीलाक्षर लिपि। पर कुछ लिपियाँ ऐसी भी हैं जिन्होंने आज से तीन हजार साल पहले जन्म लिया और आज भी किसी-न-किसी रूप में प्रचलित हैं। इनमें से कुछ लिपियाँ तो देश, कौम और धर्म की सीमाओं को लाँघकर दूर-दूर तक फैल गई हैं।

ब्राह्मी और यूनानी ऐसी ही लिपियाँ हैं। ऐसी ही और एक लिपि है आरमेई या आरमी। किसी समय आरमेई लिपि का साम्राज्य मध्य एशिया से भूमध्य सागर तक फैला हुआ था।

आरमेई लिपि ने सेमेटिक लिपि की एक शाखा के रूप में आज से लगभग तीन हजार साल पहले पश्चिम एशिया में जन्म लिया था। ईसा पूर्व आठवीं सदी में सीरिया में आरमेई लोगों के कई छोटे-छोटे राज्यों का उदय हुआ था। उन्हीं आरमेई लोगों की यह लिपि थी।

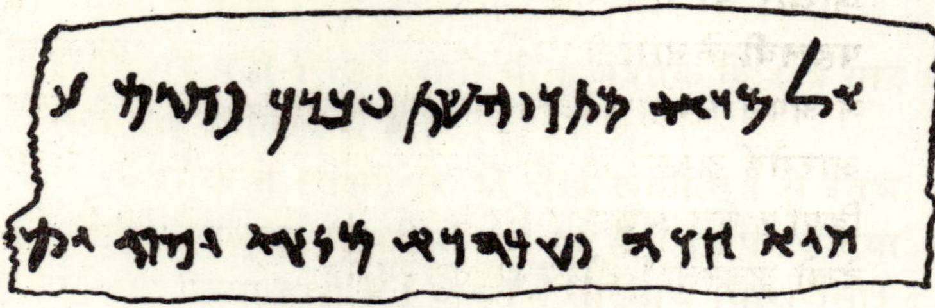

पेपीरस पर लिखा हुआ आरमेई लेख

यह लेख दाईं ओर से बाईं ओर पढ़ा जाता है।

आरमेई लोगों की भाषाएँ सेमेटिक परिवार की थीं। इसलिए पश्चिम एशिया की हिब्रू, अरबी आदि सेमेटिक भाषाओं ने अपनी-अपनी सुविधानुसार इस लिपि को अपना लिया था। पुरानी बाइबल भी शुरू में इसी आरमेई लिपि में लिखी गई थी। मृतसागर के पास की गुफाओं से आज से करीब दो हजार साल पहले की इस लिपि में लिखी हुई बहुत सारी कुंडलियाँ मिली हैं।

ईसा के पहले के एक हजार सालों में आरमेई लिपि और भाषा पश्चिम एशिया की अंतर्राष्ट्रीय भाषा और लिपि थी। मूलतः सेमेटिक भाषा के लिए अस्तित्व में आई हुई यह लिपि अन्य भाषाओं को लिखने के लिए भी काम में लाई गई।

सिकंदर ने ईरान के साम्राज्य को ध्वस्त किया तो वहाँ की पारसी कीलाक्षर लिपि को भी भुला दिया गया। उसके बाद ईरान के पार्थव शासकों ने ईसा पूर्व तीसरी सदी में ईरानी आर्यभाषा के लिए आरमेई लिपि के

आधार पर एक नई लिपि को जन्म दिया। यह लिपि **पहलवी** के नाम से जानी जाती है। फिर ईरानी पारसियों ने अपने धर्मग्रंथ 'अवेस्ता' को लिपिबद्ध करने के लिए आरमेई अक्षरों के आधार पर एक नई लिपि को जन्म दिया। वह **अवेस्ता लिपि** के नाम से जानी जाती है। देखो अवेस्ता लिपि का एक नमूना :

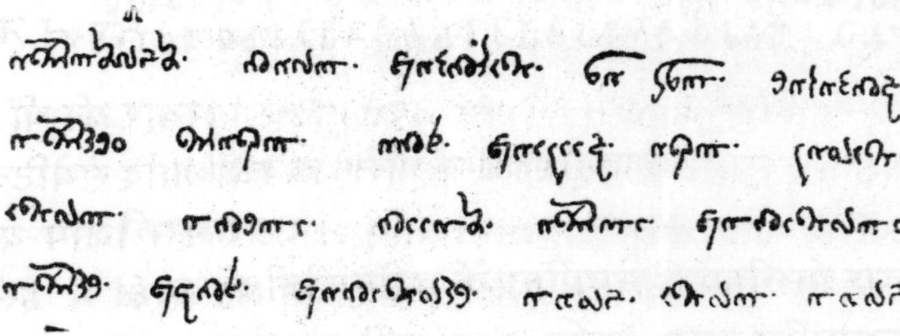

अवेस्ता लिपि

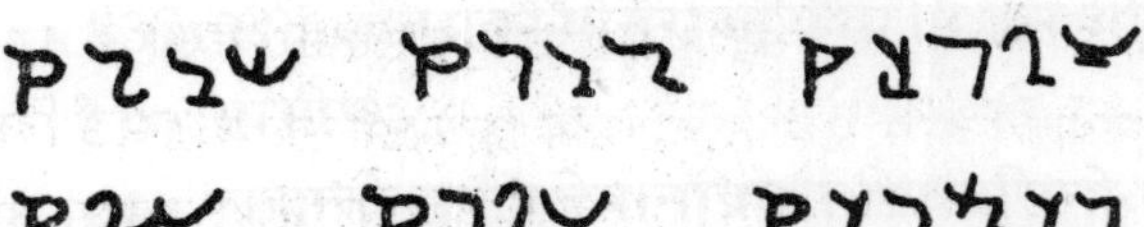

1.
2.

खरोष्ठी लिपि के दो संक्षिप्त लेख, जो दाएँ से बाएँ पढ़े जाते हैं :

1. **हिंदी-यवन शासक मिनान्दर के सिक्के पर अंकित खरोष्ठी लेख :**

   महरजस त्रतरस मेनंद्रस

2. **पश्चिमोत्तर भारत के शक शासक मोअ के सिक्के पर अंकित खरोष्ठी लेख :**

   रजतिरजस महतस मोअस

खरोष्ठी लिपि के बारे में हम बता चुके हैं। खरोष्ठी लिपि भारत और मध्य एशिया में लगभग सात-आठ सौ साल तक जीवित रही। खरोष्ठी लिपि के अक्षर भी आरमेई लिपि के आधार पर बनाए गए थे। यह लिपि दाईं ओर से बाईं ओर को लिखी जाती थी। सभी आरमेई लिपियाँ दाईं ओर से बाईं ओर को लिखी जाती थीं। स्मरण रहे कि खरोष्ठी, पहलवी और अवेस्ता की लिपियाँ आर्यभाषाएँ लिखने के लिए बनाई गई थीं।

आरमेई लिपि का प्रचार मध्य एशिया में भी हुआ। वहाँ इस लिपि के अक्षरों के आधार पर **सोग्दी**, **उइगुर**, **मंगोल** और **मंचू** लिपियाँ अस्तित्व में आईं। प्राचीन काल में इन लिपियों में बौद्ध साहित्य काफी मात्रा में लिखा गया था।

इस प्रकार हम देखते हैं कि लिपियाँ कौम, भाषा और धर्म की सीमाओं को लाँघकर दूर-दूर तक फैलती रही हैं। आरमेई लिपि इस तथ्य का प्रत्यक्ष उदाहरण है।

मय सभ्यता की लिपि

बिना किसी बाहरी प्रभाव के भी स्वतंत्र रूप से किसी सभ्यता का उदय और विकास हो सकता है, इस बात की उदाहरण है मध्य अमरीका की प्राचीन मय सभ्यता । मय लोगों ने न केवल एक लिपि बल्कि एक अच्छी अंक-पद्धति को भी जन्म दिया था ।

यूरोप के साम्राज्यवादियों ने इस प्राचीन सभ्यता के अवशेषों को बुरी तरह नष्ट कर दिया था । मय लोगों की हजारों पुस्तकें ढूँढ-ढूँढकर राख का ढेर बना दी गई थीं । सौभाग्य से केवल तीन मय पुस्तकें बची हैं । मय लिपि का ज्ञान भी नष्ट हो गया था ।

मय लिपि

पिछले सौ-डेढ़ सौ सालों से विद्वान इस मय लिपि के उद्घाटन में जुटे हुए थे। उनकी अंक-पद्धति खोज ली गई थी। पर उनकी लिपि को पढ़ पाना बहुत कठिन काम था। इधर कुछ साल पहले सोवियत वैज्ञानिकों ने गणक-यंत्रों की सहायता से मय लिपि को पढ़ने में सफलता प्राप्त की है।

मय लिपि का तो उद्घाटन हो गया है, पर प्रशांत महासागर में एक ऐसा द्वीप है जिसकी लिपि अब तक एक पहेली बनी हुई है। यह है **ईस्टर द्वीप की लिपि**। कुछ विद्वानों ने ईस्टर द्वीप की लिपि का संबंध भारत की प्राचीन सिंधु लिपि के साथ जोड़ने का प्रयत्न किया है। पर हम जानते हैं कि यह साम्य केवल बाहरी दिखावा मात्र है।

ब्राह्मी लिपि का विकास और विस्तार

हम देख चुके हैं कि ब्राह्मी के सबसे पुराने लेख अशोक के हैं । ये लेख सारे देश में फैले हुए हैं । जगह-जगह के इन ब्राह्मी अक्षरों में कोई ख़ास फरक नहीं है । स्तंभों पर खोदे हुए ब्राह्मी अक्षर कुछ अधिक सुंदर दिखाई देते हैं; शिलाओं पर खोदे हुए अक्षर उतने सुंदर नहीं दिखाई देते । फिर भी अशोक की ब्राह्मी लिपि को हम एक जैसी ही मान सकते हैं ।

इन लेखों के बारे में दूसरी बात हमें यह ध्यान में रखनी चाहिए कि ये लेख केवल एक ही शासक के हैं, उसके शासन के लगभग 30 सालों में खोदे गए हैं और ये जनता की भाषा में लिखे गए हैं । और, ये सारे लेख धर्म और शासन की नीति से संबंधित हैं ।

लेकिन अशोक के बाद ब्राह्मी लिपि के लेख दूसरे अनेक उद्देश्यों से लिखे हुए मिलते हैं । बौद्ध-स्तूपों में रखे हुए अस्थिकलशों पर ये लेख मिलते हैं, भिक्षुओं के लिए बनाई गई गुफाओं में ये लेख मिलते हैं, ताम्रपत्रों पर भी ये लेख मिलते हैं । अब पहली बार हमें सिक्कों पर भी

ब्राह्मी अक्षर या लेख मिलने लग जाते हैं। अब केवल सम्राटों के ही नहीं, सामान्य जनों के भी लेख मिलने लग जाते हैं। ऐसी स्थिति में ब्राह्मी लिपि के अक्षरों का स्वरूप एक-सा बना रहना संभव नहीं था। अब ब्राह्मी लिपि में हमें क्षेत्रीयता स्पष्ट दिखाई देती है।

बौद्ध धर्म का उदय मगध देश में हुआ था। भगवान बुद्ध बिहार और उत्तर प्रदेश के बाहर नहीं गए थे। पर अशोक के प्रयासों से उनका धर्म सारे देश में और देश के बाहर भी फैल गया। अशोक के बाद की दो शताब्दियों में हमें सारनाथ, भारहुत, सांची आदि अनेक बौद्ध स्थानों से लेख मिलते हैं। उस समय पश्चिम भारत में सातवाहनों का और उनके बाद शक क्षत्रपों का शासन रहा। इन शासकों ने बौद्ध भिक्षुओं के लिए सहयाद्रि पर्वत-प्रदेश में नाणेघाट, नासिक, अजिंठा, कार्ले, कोंडणे, पित्तलखोरा आदि स्थानों में गुफाएँ बनवाई थीं। इन गुफाओं में दानों के बारे में बहुत सारे लेख मिलते हैं। इस समय के क्षत्रप **नहपान** के जामाता **उषवदात** के एक लेख की तीन पंक्तियाँ देखिए :

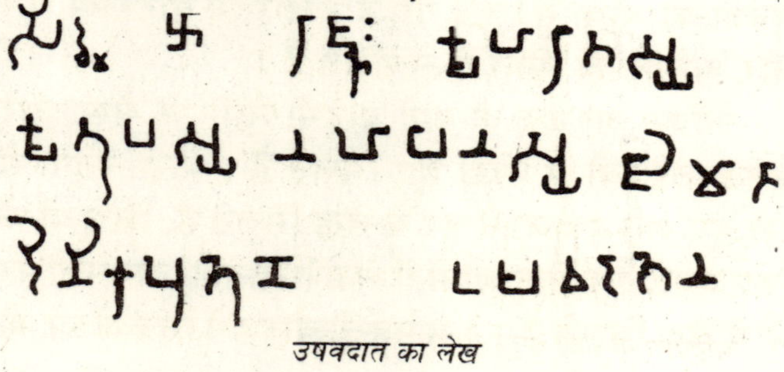

उषवदात का लेख

लिप्यंतर :

1. सिद्धम् (स्वस्तिक) राज्ञः क्षहरातस्य
2. क्षत्रपस्य नहपानस्य जामात्रा
3. दीनीकपुत्रेण उषवदातेन...

साफ दिखाई देता है कि अशोक के ब्राह्मी अक्षरों में और इन ब्राह्मी अक्षरों में कुछ फरक पड़ गया है ।

दक्षिण में कृष्णा नदी के तट पर गुंटूर जिले में कई बौद्ध केंद्र स्थापित हो गए थे । ब्राह्मी लिपि वहाँ भी पहुँच गई और वहाँ इसमें कुछ फरक पड़ गया । वहाँ इसे प्राचीन तमिल भाषा लिखने के लिए भी इस्तेमाल किया गया । कुछ लोगों का कहना है कि दक्षिण भारत की यह ब्राह्मी लिपि कुछ भिन्न लिपि है, परंतु यह मत सही नहीं है । यह लिपि ब्राह्मी लिपि की ही एक शैली है । यहाँ हम करीब दो हजार साल पहले के दक्षिण के एक छोटे लेख का नमूना देते हैं :

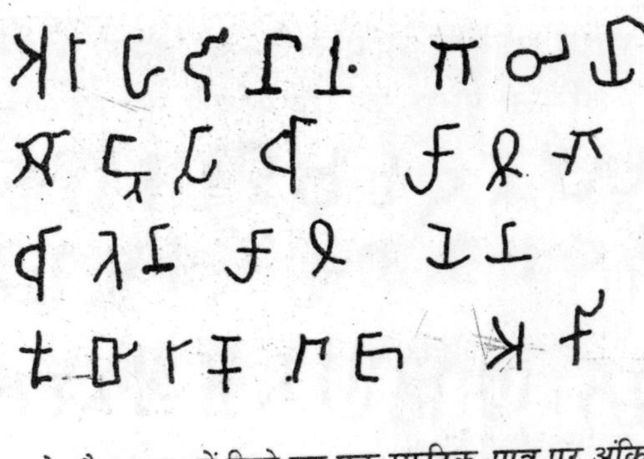

भट्टिप्रोलु के बौद्ध-स्तूप में मिले हुए एक स्फटिक-पात्र पर अंकित लेख

लिप्यंतर :

1. अरहदिनानं गोठिया
2. मजूस च षमुगो
3. च तेन कम येन
4. कुबिरको राजा अकि

अनुवाद : अरहदिन (अर्हदत्त) के अनुयायियों ने यह मंजूषा और पेटिका दी है। इसे उस आदमी ने कोरा है जिसे राजा कुबिरक ने आज्ञा दी थी।

इस लेख के अक्षर ब्राह्मी लिपि के ही हैं। इनकी केवल एक विशेषता है। उस समय की उत्तर भारत की ब्राह्मी लिपि में जिन अक्षरों को रा, हा, सा, ना आदि पढ़ा जाता था उन्हें यहाँ र, ह, स, न आदि पढ़ा जाएगा। तात्पर्य यह कि उत्तर भारत में जो 'आ' की मात्रा थी वह यहाँ 'अ' की मात्रा रह गई है।

नीचे हम दक्षिण भारत की एक गुफा में उत्कीर्ण लेख का नमूना दे रहे हैं। इस लेख की लिपि ब्राह्मी है, पर इसकी भाषा प्राचीन तमिल है—दो हजार साल पुरानी तमिल। तमिल भाषा का यह सबसे पुराना लेख है :

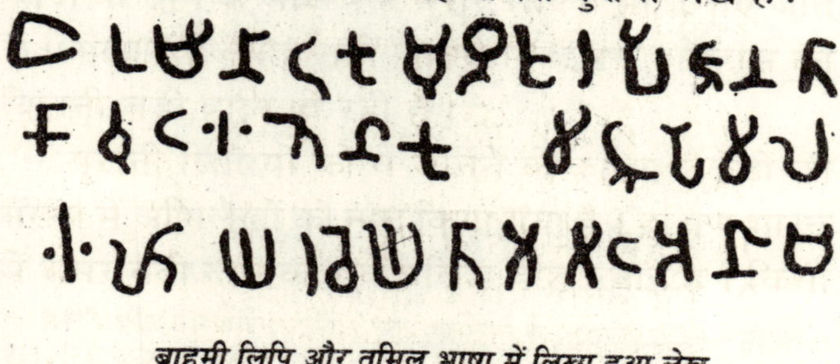

ब्राह्मी लिपि और तमिल भाषा में लिखा हुआ लेख

सातवाहनों का अंत होने पर आंध्र प्रदेश पर इक्ष्वाकु राजाओं का शासन स्थापित हो गया था। इनकी राजधानी विजयपुरी (नागार्जुनकोंडा) में थी। यह ईसा की तीसरी-चौथी सदी का समय है। इक्ष्वाकु शासकों ने बौद्ध और ब्राह्मण धर्मों का समान रूप से सत्कार किया था। अब नागार्जुनकोंडा में कृष्णा नदी पर एक बहुत बड़ा बाँध बनाया गया है। पुरानी विजयनगरी जलाशय के नीचे दब गई है। पर उसके पहले ही सारी पुरानी वस्तुएँ ऊपर एक पहाड़ी पर सुरक्षित रख दी गईं। इनमें लेख भी हैं। नागार्जुनकोंडा की लिपि बहुत सुंदर है। इन लेखों में अ, आ, क, ञ, र तथा ल अक्षरों के खड़े दंड और इ, ई तथा उ की मात्राएँ काफी लंबी और खूबसूरत हैं। देखिए एक नमूना :

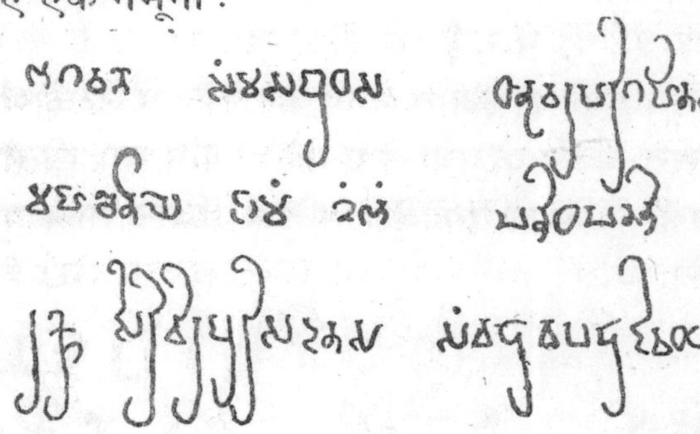

लिप्यंतर :

1. भगवतो संमसबुधस धातुवरपरिगहीतस
2. महाचेतिये इमं खंभं पतिठपनति
3. रञो सिरिविरपुरिसदतस संव 6 वाप 6 दिव 10

अर्थ :

भगवान संबुद्ध की धातुओं को ग्रहण करने के लिए बने इस महाचैत्य के पास यह खंबा खड़ा किया गया है–राजा श्री वीरपुरिसदत के छठे शासन वर्ष में, वर्षा ऋतु के छठे पक्ष में, दसवें दिन।

इस लेख की भाषा प्राकृत है, संस्कृत नहीं। लेकिन उत्तर भारत में अब प्राकृत का स्थान संस्कृत भाषा ले चुकी थी।

राजा कनिष्क का नाम सभी ने सुना होगा। कुषाण बाहर से, मध्य एशिया से, भारत आए थे। ये शकों के भाईबंद थे। भारत में आकर ये यहाँ की संस्कृति में घुल-मिल गए थे। कनिष्क ने बौद्ध धर्म को अपनाकर मध्य एशिया में इसे फैलाने में मदद पहुँचाई थी। कनिष्क 78 ई. में गद्दी पर बैठा था और उसी समय से शक-संवत् की शुरुआत मानी जाती है। देखिए कनिष्क के शासन-काल के एक लेख की दो पंक्तियाँ। यह लेख वाराणसी से मिली एक बुद्ध मूर्ति पर किसी भिक्ष बल ने खुदवाया था।

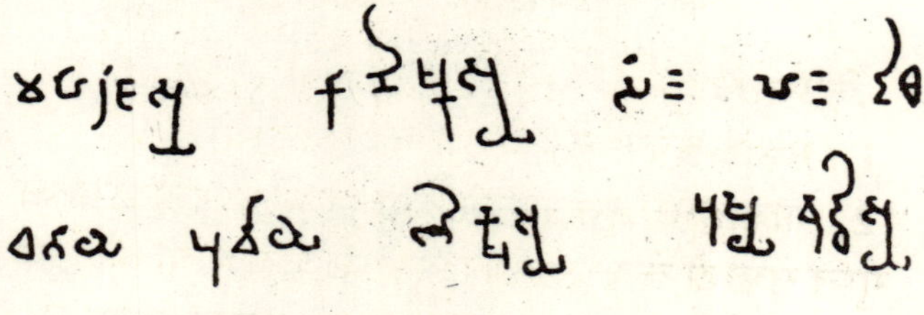

राजा कनिष्क के समय के एक लेख का अंश

लिप्यंतर :

1. महाराजस्य काणिष्कस्य सं 3 हे 3 दि 22

2. एताये पुवीये भिक्षुस्य पुष्यबुद्धिस्य...

यह लेख भी प्राकृत भाषा में है । पर इसके लगभग 75 साल बाद हमें पहली बार संस्कृत भाषा में लिखा हुआ एक लंबा लेख मिलता है । यह है **महाक्षत्रप रुद्रदामन** का प्रसिद्ध जूनागढ़-लेख । यहाँ गिरिनार की एक चट्टान पर एकसाथ तीन राजाओं के लेख मिलते हैं । पहला लेख है राजा अशोक का और दूसरा है रुद्रदामन का । बाद में स्कंदगुप्त के शासनकाल में भी एक लेख यहाँ खोदा गया था । यहाँ पास में सुदर्शन नाम का एक सरोवर था । चंद्रगुप्त मौर्य के समय यह बाँधा गया था । रुद्रदामन और स्कंदगुप्त ने इस सरोवर की मरम्मत करवाई थी । देखिए रुद्रदामन के लंबे लेख का छोटा-सा नमूना :

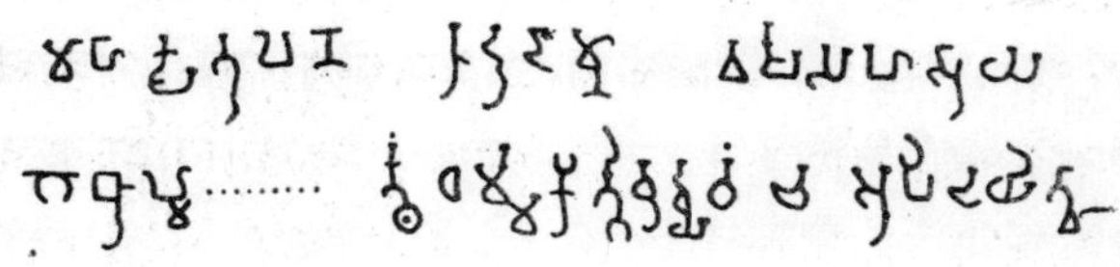

महाक्षत्रप रुद्रदामन का गिरिनार-लेख

लिप्यंतर :

1. महाक्षत्रपेण रुद्रदाम्ना वर्षसहस्राय

2. गोब्राह्म...र्त्थधर्मकीर्तिवृद्ध्यर्थं च अपीडयित्वा

गुप्त सम्राटों के शासनकाल में संस्कृत भाषा को खूब प्रोत्साहन मिला । पर यह जनता की भाषा नहीं थी,

पढ़े-लिखे पंडितों की भाषा थी। गुप्त सम्राट ब्राह्मण धर्म के अनुयायी थे, विष्णु के उपासक थे। पर उस समय की जनता में बौद्ध और शैव धर्म का अधिक प्रचार था। गुप्त साम्राज्य का काल समृद्धि का काल था। इस दौरान साहित्य, संगीत और कला की खूब उन्नति हुई।

गुप्तों के समय तक ब्राह्मी लिपि का काफी विकास हो चुका था। उस समय तक अक्षरों के ऊपर सिरे लगने लगे थे। ये सिरे या तो तिकोने होते थे, या भरे हुए चौखुटे या खोखले चौखुटे। विंध्य पर्वत के नीचे वाकाटकों का शासन था। गुप्तों के साथ उनके विवाह संबंध स्थापित हो चुके थे। वाकाटकों के लेखों की लिपि भी गुप्तों की लिपि का एक प्रकार ही है।

चूँकि गुप्त काल में ब्राह्मी अक्षरों ने एक नया रूप धारण कर लिया था, इसलिए पुराविदों ने उस काल की ब्राह्मी लिपि को **गुप्त लिपि** का नाम दिया है। गुप्तों और वाकाटकों के सैकड़ों लेख मिले हैं। गुप्तों के सिक्कों पर भी लेख मिलते हैं। नीचे हम गुप्त काल की ब्राह्मी लिपि के तीन-चार नमूने दे रहे हैं। इससे आभास मिल जाएगा कि गुप्त काल में यानी आज से लगभग डेढ़ हजार साल पहले ब्राह्मी लिपि का स्वरूप क्या था।

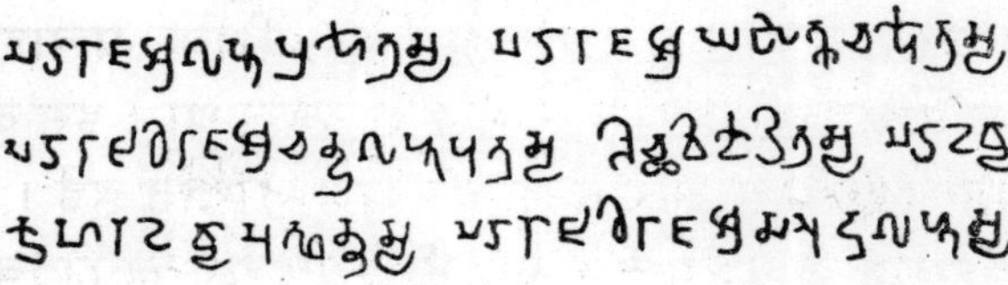

*प्रयाग के अशोक-स्तंभ पर उत्कीर्ण समुद्रगुप्त की प्रशस्ति का एक अंश। इतिहास और काव्य की दृष्टि से इस प्रशस्ति का बड़ा महत्त्व है। इसे **हरिषेण** नाम के एक कवि ने लिखा था। लेख के उपर्युक्त अंश में गुप्त सम्राटों की वंशावली दी गई है।*

लिप्यंतर :

1. महाराजश्रीगुप्तप्रपौत्रस्य महाराजश्री घटोत्कचपौत्रस्य
2. महाराजाधिराजश्रीचन्द्रगुप्तपुत्रस्य लिच्छविदौहित्रस्य महादेव्यां
3. कुमारदेव्यामुत्पन्नस्य महाराजाधिराज श्रीसमुद्रगुप्तस्य

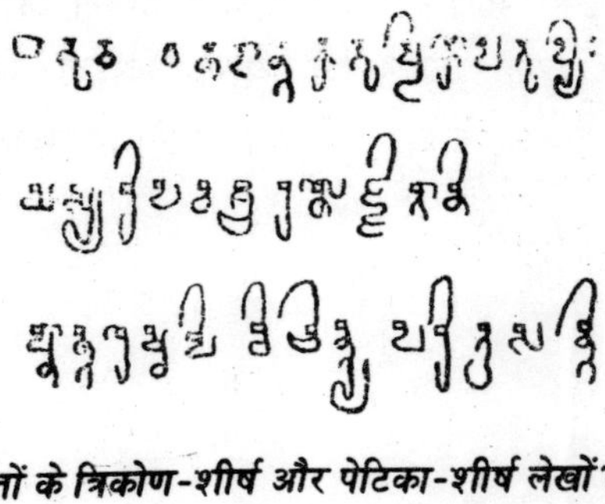

गुप्तों के त्रिकोण-शीर्ष और पेटिका-शीर्ष लेखों के नमूने

लिप्यंतर :

1. बभूव धनदान्तकतुष्टिकोपतुल्यः
2. यस्य रिपवश्चरणोर्जितानि
3. प्नान्तरेष्वपि विचिन्त्य परित्रसन्ति

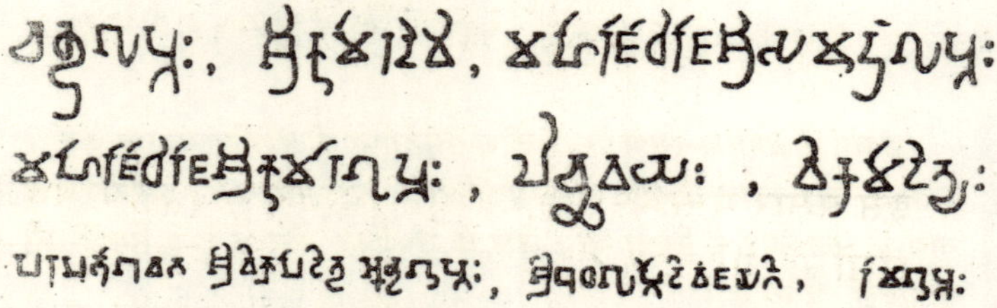

गुप्त सम्राटों के सिक्कों पर पाए जानेवाले कुछ नाम और लेख

लिप्यंतर :

1. चन्द्रगुप्त :, श्रीकुमारदेवी, महाराजाधिराज-
   श्रीसमुद्रगुप्त :
2. महाराजाधिराजश्रीकुमारगुप्तः, लिच्छवयः,
   विक्रमादित्यः
3. परमभागवत श्रीविक्रमादित्य स्कन्दगुप्तः,
   श्रीबुधगुप्तो दिवंजयति, रामगुप्तः

कुटिला लिपि

इस संसार में सभी कुछ बदलता रहता है । शासक बदले, धर्मों में परिवर्तन होता रहा, जनता की भाषा बदलती रही । इसी प्रकार अक्षरों के आकार भी बदलते गए ।

गुप्तों के समय के ब्राह्मी अक्षरों में धीरे-धीरे परिवर्तन होता गया । पुराविदों ने ईसा की छठी सदी से नौवीं सदी तक की उत्तर भारत की लिपि को **कुटिला लिपि** का नाम दिया है । यहाँ 'कुटिल' शब्द का अर्थ है टेड़ी-मेढ़ी सुंदर मात्राओंवाले अक्षर । सातवीं सदी के एक लेख में इस लिपि के लिए "विकटाक्षर" शब्द भी मिलता है । कुछ विद्वानों ने इस काल की लिपि को **सिद्धमातृका** नाम दिया है ।

इस काल के उत्तर भारत के लेखों के अक्षरों के खड़े दंडों के नीचे के सिरे और मात्राएँ बड़ी सुंदरता से मोड़ी गई हैं । इसीलिए इस काल की लिपि को कुटिला लिपि का नाम दिया गया है । यहाँ हम इस लिपि के कुछ लेखों के नमूने देंगे ।

गुप्त सम्राटों की शक्ति क्षीण हो जाने पर हूणों के

कबीलों ने भारत पर धावा बोल दिया था। इन हूणों को भारत से उखाड़ फेंका मालवा के राजा यशोधर्मा ने। दशपुर (मंदसोर) में यशोधर्मा की राजधानी थी। मंदसोर से एक स्तंभ पर खुदा हुआ लेख मिला है। यह लेख 532 ई. का है। इस लेख में स्वरों की मात्राएँ कलात्मक हैं। मोटी कलम का इस्तेमाल करने से मात्राएँ मोटी-पतली हो गई हैं। कुछ मात्राएँ नागरी अक्षरों की मात्राओं जैसी दिखाई देती हैं। कुछ व्यंजन भी नागरी से मिलने लग गए हैं।

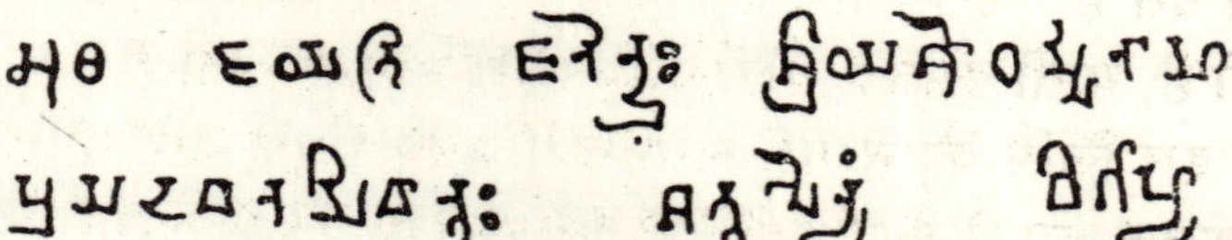

यशोधर्मा के मंदसोर स्तंभ-लेख का एक अंश

लिप्यंतर :

अथ जयति जनेन्द्रः श्रीयशोधर्म्मनामा
प्रमदवनमिवान्तः शत्रुसैन्यं विगाह्य

इन अक्षरों से भी अधिक सुंदर हैं हर्षवर्धन के बंसखेडा के ताम्रपत्र के अक्षर। इस ताम्रपत्र पर हर्षवर्धन के जो हस्ताक्षर खुदे हुए हैं उन्हें देखकर तो हम चकित ही रह जाते हैं। देखिए हर्षवर्धन के खुद के हस्ताक्षर :

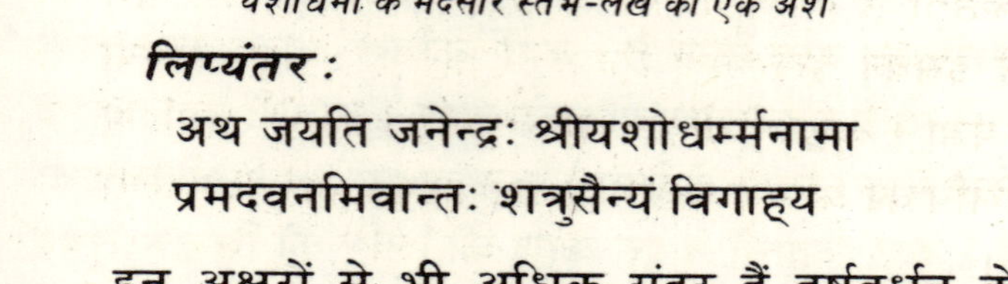

स्व ह स्तो म म म हा रा जा धि रा ज श्री ह र्ष स्य.

नागरी लिपि

हम अपनी इस लिपि को **नागरी** या **देवनागरी लिपि** नाम देते हैं। इस लिपि की शुरुआत नौवीं शताब्दी से होती है, यानी इसका विकास कुटिला लिपि से होता है।

इस लिपि का नागरी नाम क्यों पड़ा, इसके बारे में निश्चित रूप से कुछ नहीं कहा जा सकता। कुछ लोगों का कहना है कि गुजरात के नागर ब्राह्मणों ने सबसे पहले इसका इस्तेमाल किया, इसलिए इसका नागरी नाम पड़ा। कुछ लोगों का मत है कि देवनगरी काशी में इस लिपि का अधिक प्रचार होने से इसका नाम देवनागरी पड़ा।

दक्षिण के विजयनगर के राजाओं के दानपत्रों की जो लिपि है उसे **नंदि-नागरी** का नाम दिया गया था। पहले-पहल हमें विजयनगर के राजाओं के लेखों में ही नागरी लिपि का व्यवहार देखने को मिलता है। बाद में जब उत्तर भारत में इस लिपि का प्रचार हुआ तो नागरी शब्द के पहले का 'नंदि' शब्द 'देव' में बदल गया और यह लिपि देवनागरी कहलाई। मुझे तो यही अधिक

संभव लगता है कि विजयनगर की लिपि होने के कारण ही यह नागरी नाम प्रसिद्ध हुआ है।

जो भी हो, आठवीं सदी के बाद के उत्तर भारत के सभी लेखों की लिपि के लिए यह नागरी शब्द इस्तेमाल होता है। उस समय से प्रांत-प्रांत की लिपियाँ अलग-अलग हो जाती हैं। उसी समय से प्रांतीय भाषाओं का साहित्य जन्म लेने लगता है। हिंदी भाषा का जन्म भी उसी समय होता है। सिद्ध **सरहपाद** (आठवीं सदी) हिंदी के प्रथम कवि माने जाते हैं।

दसवीं शताब्दी में पंजाब और कश्मीर में जिस **शारदा लिपि** का इस्तेमाल होता था और जिसमें सैकड़ों पोथियाँ लिखी गई हैं, वह नागरी लिपि की बहन थी। बंगला लिपि को भी हम नागरी की बहन ही मान सकते हैं। आज संपूर्ण उत्तर भारत, नेपाल और महाराष्ट्र में इसी नागरी लिपि का इस्तेमाल होता है।

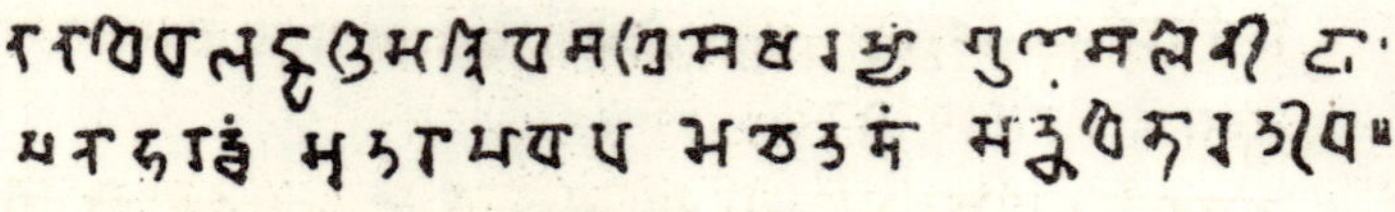

शारदा लिपि में सराहां (चंबा) प्रशस्ति का एक श्लोक (ईसा की दसवीं सदी)

लिप्यंतर :

नानाविधालङ्कृतिसन्निविशेषरम्यां
गुणशालिनी या।
मनोहरत्वं सुतरामवाप सचेतसं
सत्कविभारतीय।

आरंभ में दक्षिण भारत में भी दूर-दूर तक इस लिपि का थोड़ा-बहुत इस्तेमाल हुआ है। दक्षिण के पल्लव शासकों ने नागरी लिपि का इस्तेमाल किया था। इसी लिपि से बाद में **ग्रंथ लिपि** का विकास हुआ है। दक्षिण भारत में संस्कृत के ग्रंथों को लिखने के लिए इस ग्रंथ लिपि का निर्माण हुआ था।

दक्षिण में अपनी-अपनी भाषा के वर्णों के उच्चारण के अनुरूप वर्णमालाएँ अस्तित्व में आ गई थीं। उत्तर भारत में लिखने के लिए भोजपत्रों का इस्तेमाल होता था, तो दक्षिण में ताड़पत्रों का। ताड़पत्रों पर सीधे अक्षर नहीं लिखे जा सकते; ऐसा करने से ताड़पत्र फट जाएगा। इसलिए दक्षिण भारत में अक्षरों को अधिकाधिक गोल बनाने का प्रयत्न किया गया। यही कारण है कि हमें तमिल, तेलुगू आदि दक्षिणी लिपियों के अक्षर गोल दिखाई देते हैं। पर हमें यह स्मरण रखना चाहिए कि इन सभी लिपियों का विकास अशोक की मूल ब्राह्मी लिपि से ही हुआ है। दक्षिण की इन लिपियों की वर्णमाला में भी कुछ अंतर है। द्रविड़ परिवार की भाषाएँ होने के कारण इनमें संस्कृत के कुछ वर्णों की बिलकुल जरूरत नहीं पड़ती, लेकिन कुछ भिन्न व्यंजनों की जरूरत पड़ती है।

यही कारण है कि दक्षिण भारत के पंडितों ने संस्कृत ग्रंथों को लिखने के लिए नागरी लिपि के आधार पर **ग्रंथ लिपि** को जन्म दिया था। अभी हमारे समय तक दक्षिण के पुरानी परंपरा के पंडित इस ग्रंथ लिपि का इस्तेमाल करते थे।

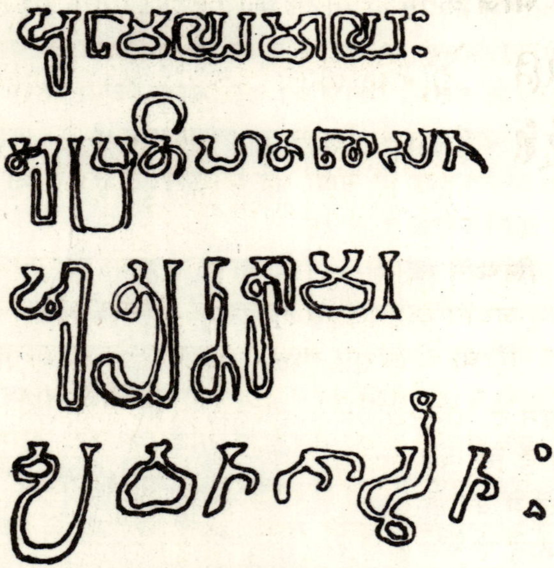

महाबलिपुरम् के धर्मराजरथ पर अंकित पल्लव-ग्रन्थ लिपि में चार पंक्तियां

लिप्यंतर :

अमेयमायः
अप्रतिहतशासन
अत्यन्तकाम ।
अवनभाजनः

उत्तर भारत के गुहिलवंशी, चाहमान (चौहान), राष्ट्रकूट, चालुक्य, परमार, चंदेल, कलचुरि आदि राजाओं के सारे ताम्रपत्र तथा शिलालेख नागरी लिपि में ही हैं। नमूने के लिए आगे हम धारा नगरी के प्रसिद्ध

राजा **भोज** के एक दानपत्र की दो पंक्तियाँ दे रहे हैं :

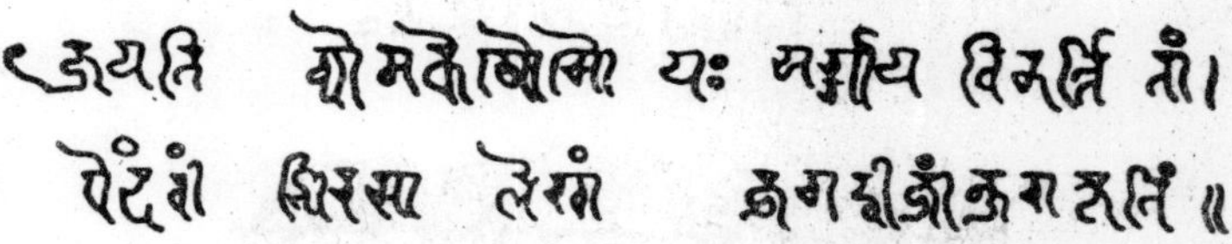

राजा भोज के एक दानपत्र की दो पंक्तियाँ

लिप्यंतर :

जयति व्योमकेशोसौ यः सर्गाय विभर्ति तां ।
ऐंदवीं शिरसा लेखां जगद्बीजांकुराकृतिं ।।

इन दो पंक्तियों के अक्षरों को देखने से ही पता चल जाता है कि इन अक्षरों में और आज के हमारे नागरी अक्षरों में काफी साम्य है । नागरी लिपि अब टाइपों में ढल जाने के कारण इसका विकास रुक गया है । पिछले करीब एक हजार सालों से हमारे देश में कागज का प्रयोग होता आ रहा है । इस कारण से भी नागरी के अक्षरों में कुछ स्थिरता आ गई थी ।

फिर भी आज के नागरी अक्षरों में और आठ-नौ सौ साल पहले के नागरी अक्षरों में थोड़ा अंतर है । अभ्यास से यह अंतर समझ में आ जाता है । पुरानी नागरी के अक्षरों का ज्ञान प्राप्त कर लेने से बड़ा लाभ है । इससे पुरानी पुस्तकों को पढ़ा जा सकता है । यदि कोई पुरानी हस्तलिखित पुस्तक कहीं मिल जाए, तो अक्षरों की पहचान होने से तुरंत उसका महत्त्व मालूम हो सकता है ।

विदेशों में भारतीय लिपि

हमने देखा है कि कुछ लिपियों ने देश, कौम और धर्म की सीमाओं को लाँघा है। ब्राह्मी लिपि ऐसी ही एक लिपि है। अब हम देखेंगे कि ब्राह्मी लिपि का किन-किन देशों में प्रचार हुआ है।

लंका का नाम सुनते ही हमें रावण की याद आती है। पर आज की श्रीलंका में रावण या राम के बारे में कोई प्रामाणिक ऐतिहासिक सामग्री नहीं मिलती। श्रीलंका एक बौद्ध देश है। भगवान बुद्ध के समय में **विजय** नाम का एक भारतीय राजकुमार अपने साथियों सहित श्रीलंका में जाकर बस गया था। उनके साथ भारतीय आर्यभाषा वहाँ की भाषा बनी। सिंहली भाषा आर्यभाषा परिवार की है।

अशोक के समय में उनके पुत्र महेंद्र और पुत्री संघमित्रा बौद्ध धर्म का प्रचार करने श्रीलंका गए। भगवान बुद्ध के पालि भाषा के उपदेशों के साथ-साथ वहाँ अशोक के समय की ब्राह्मी लिपि का भी प्रचार हुआ। लगभग उसी समय से श्रीलंका में ब्राह्मी लिपि के

लेख मिलने लग जाते हैं। आज की **सिंहली लिपि** का विकास उसी ब्राह्मी लिपि से हुआ है। बीच-बीच में दक्षिण भारत की लिपि का भी सिंहली लिपि पर प्रभाव पड़ा है।

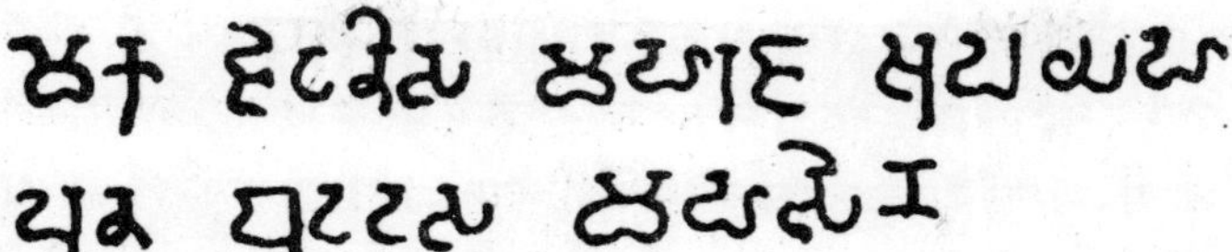

*श्रीलंका के शासक बुद्धदास महासेन के शासनकाल (337-365 ई.) के **रुवनवेलिसाय स्तम्भलेख** का एक अंश :*

मेक जेटतिस महरज अपयह
पुत बुददस महसेन

आजे की सिंहली लिपि के अक्षर दक्षिण भारत की लिपियों की तरह गोलाकार दिखाई देते हैं। इसका प्रमुख कारण यह है कि पुराने जमाने में सिंहल में भी पुस्तकें ताड़-पत्रों पर लिखी जाती थीं।

आज तिब्बत पर चीन का शासन है। लाखों तिब्बती लोग शरणार्थी बनकर भारत चले आए हैं। अब भारत में भी **तिब्बती लिपि** में कुछ पत्रिकाएँ और पुस्तकें छपने लगी हैं।

ईसा की सातवीं शताब्दी में तिब्बत में **स्रोङ्-चन्-गम्पो** नाम का एक पराक्रमी राजा हुआ। चीन और नेपाल को उसकी शक्ति के सामने झुकना पड़ा था। इन दोनों देशों के शासकों ने अपनी राजकुमारियाँ स्रोङ्-चन्-

गम्पो को ब्याह में दे दीं। उस समय तक चीन और नेपाल में बौद्ध धर्म फैल चुका था। इन दो राजकुमारियों के साथ बौद्ध धर्म तिब्बत में भी स्थापित हो गया। राजा के साथ-साथ प्रजा भी बौद्ध धर्म में दीक्षित हो गई।

उस समय तक संभवतः तिब्बत की अपनी कोई लिपि नहीं थी। राजा ने अपने एक मंत्री **संभोट** को भारत भेजा—लिपि का ज्ञान लाने के लिए। संभोट भारत आया और यहाँ से भारतीय लिपि सीखकर गया। उसने भारतीय लिपि की वर्णमाला और चिह्नों को लेकर तिब्बती भाषा के अनुकूल एक लिपि बना ली। यही है तिब्बती लिपि। ठप्पों की छपाईवाले तिब्बती अक्षर आज भी छठी-सातवीं सदी की उत्तर भारत की लिपि के अक्षरों से मिलते-जुलते दिखाई देते हैं।

तिब्बत के ऊपर चीनी तुर्किस्तान अथवा पूर्वी मध्य एशिया है। अशोक के समय में ही वहाँ भारतीय लोग बसे हुए थे। बाद में वहाँ बौद्ध धर्म का प्रचार हुआ। उसी मार्ग से होकर बौद्ध धर्म चीन में पहुँचा था। उसी मार्ग से होकर दर्जनों चीनी यात्री ज्ञान की तलाश में भारत आए हैं और दर्जनों भारतीय पंडित बौद्ध धर्म का प्रचार करने चीन पहुँचे हैं।

मध्य एशिया से सैकड़ों प्राचीन ग्रंथ खोजे गए हैं। अधिकतर ग्रंथ बौद्ध धर्म से संबंधित हैं। शुरू में मध्य एशिया में **खरोष्ठी लिपि** का प्रचार हुआ था। बाद में

गुप्त काल में वहाँ ब्राह्मी लिपि का भी प्रचार हुआ। मध्य एशिया की ब्राह्मी लिपि गुप्त लिपि की ही एक शैली है। इस लिपि में बहुत-से पुराने ग्रंथ मिले हैं।

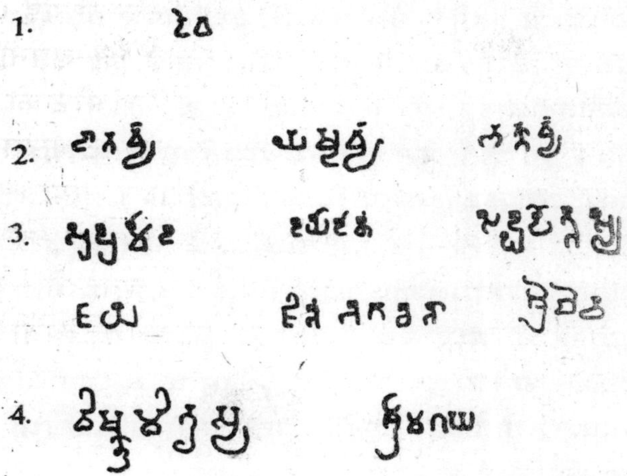

दक्षिण कंबोडिया के ओक्-एको स्थान से प्राप्त कुछ मुद्राएं (दानी के आधार पर)

(1) देव
(2) दातव्यं यष्टव्यं भक्तव्यं
(3) अप्रमाद दयादानं सङ्घपोत्तस्य
जय जितं भगवता श्रीबिच
(4) विष्णुमित्रस्य श्रीमगय

दक्षिण-पूर्व एशिया के बर्मा, थाइलैंड, कंबोडिया, इंडोनेशिया आदि देशों की भाषाएँ आर्य परिवार की नहीं हैं; ये मोन-ख्मेर भाषा-परिवार की हैं। परंतु इन सब

भाषाओं के लिए प्राचीन काल में ही भारतीय लिपि को अपना लिया गया था।

ईसा की पहली सदी से कुछ भारतीय लोग व्यापार के सिलसिले में जावा, चंपा, सुमात्रा आदि देशों में जाकर बस गए थे। धीरे-धीरे उन्होंने वहाँ अपने राजवंश भी स्थापित किए। भारतीयों के साथ-साथ भारतीय धर्म, संस्कृति, भाषा और लिपि का भी इन देशों में प्रचार हुआ। इन देशों पर भारतीय राजवंशों ने लगभग एक हजार वर्ष तक शासन किया। बाद में इनकी शक्ति क्षीण हो गई तो ये स्थानीय लोगों में घुल-मिल गए। लेकिन भारतीय लिपि जीवित रही। बाद में स्थानीय भाषाओं के लिए इस लिपि को अपना लिया गया। लेकिन पुराने लेखों की भाषा प्राकृत या संस्कृत ही है। उदाहरण के लिए, देखिए जावा के राजा **पूर्णवर्मा** का ईसा की चौथी शताब्दी का एक लेख :

जावा से प्राप्त पूर्णवर्मा का लेख

लिप्यंतर :

विक्क्रान्तस्यावनिपतेः
श्रीमतः पूर्ण्णवर्म्मणः
तारूमनगरेन्द्रस्य
विष्णोरिव पदद्वयम् ।।

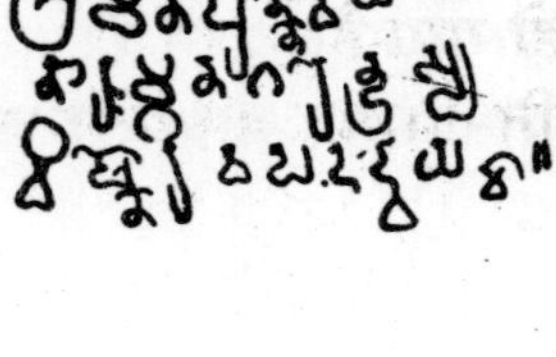

अक्षरों का भविष्य

आज तक की अक्षरों की कहानी को हमने जाना । अक्षरों की कहानी मुश्किल से छह हजार साल पुरानी है । जब से आदमी ने अक्षरों की शुरुआत की, तब से वह 'सभ्य' कहा जाता है । तब से उसके 'इतिहास' की शुरुआत मानी जाती है ।

अक्षरों की कहानी चित्रों से शुरू होती है । फिर, आज से करीब तीन हजार साल पहले वर्णमाला की खोज होती है । तब से आज तक चिह्नों की शकलों में भले ही अंतर आता गया हो, परंतु लिपि का और अधिक वैज्ञानिक विकास नहीं हो पाया ।

आज का युग छपाई का युग है । आज के व्यस्त जीवन में हाथ से लिखने का कष्ट बहुत कम लोग उठाते हैं । चिट्ठियाँ भी टाइप करके लिखी जाती हैं । प्रेसवाले चाहते हैं कि उन्हें टाइप किए हुए लेख या ग्रंथ मिलें । इसलिए मुद्रण के खयाल से लिपियों के बारे में सोचना जरूरी हो गया है ।

ध्वनि-विज्ञान की दृष्टि से भी लिपियों के बारे में

सोचना जरूरी हो गया है। इस दृष्टि से रोमन लिपि की अपेक्षा हमारी लिपि बेहतर है। पर हम दावे के साथ नहीं कह सकते कि हमारी लिपि भी पूर्णतः वैज्ञानिक है। दूसरी ओर, रोमन लिपि मुद्रण की दृष्टि से सुविधा की है। पर हमारी लिपि में मुद्रण की दृष्टि से अनेक कठिनाइयाँ हैं। इसलिए भविष्य में हमारी लिपि में सुधार की बहुत जरूरत है।

सारे देश के लिए हमने एक-से अंक-संकेत स्वीकार कर लिए हैं। इसी प्रकार सारे देश की भाषाओं के लिए एक ही लिपि हो सकती तो बड़ा अच्छा होता। लिपि की दृष्टि से सारा देश एक सूत्र में बँधा हुआ है। अशोक की ब्राह्मी लिपि से ही भारत की सारी लिपियों का विकास हुआ है। इसलिए सारे देश के लिए एक नई वैज्ञानिक लिपि बनाकर उसके प्रचार की व्यवस्था की जाए तो देर-सबेर वह सारे देश को मान्य हो सकती है।

अंतरिक्षयात्रा का युग शुरू हो गया है। भविष्य में हम किसी दूर के ग्रह के बुद्धिमान प्राणियों के साथ संपर्क स्थापित करने की आशा रखते हैं। इसलिए वैज्ञानिक अभी से एक सांकेतिक भाषा को जन्म देने में जुट गए हैं।

कितना अच्छा होता यदि सारी मानव जाति की एक ही भाषा और एक ही लिपि होती! एक ही भाषा की बात तो बिलकुल संभव नहीं दिखाई देती, पर एक ही अंतर्राष्ट्रीय लिपि के होने की बात को असंभव नहीं ही कहा जा सकता।

●●●